ELFRIEDE PAUSEWANG

130 didaktische Gruppenspiele
für Kinder von 3–8

DON BOSCO VERLAG · MÜNCHEN

Eine gewerbliche Nutzung der Gegenstände und Spiele ist nicht gestattet.

11. Auflage 1982 / ISBN 3 7698 0200 4
© by Don Bosco Verlag, München
Zeichnungen nach Entwürfen der Verfasserin: Adolf Seebach, München
Umschlag: Erika Meier-Albert, München
Gesamtherstellung: Pallottinerdruck, Limburg, Lahn 1

Didaktische Spiele und Übungen verfolgen den Zweck, die große Lernfreude des Vorschulkindes auszunutzen und ihm Kenntnisse, Fähigkeiten und Fertigkeiten zu vermitteln oder vorhandene Ansätze zu erweitern.

Während didaktische Übungen den Charakter der Arbeit tragen, schafft das didaktische Spiel eine lustbetonte, freudige Spielatmosphäre und kommt dadurch dem Spielbedürfnis des Kindes entgegen. Das Kind lernt durch das Spiel nicht direkt, sondern indirekt. Trotzdem hat das didaktische Spiel immer ein oder mehrere Lernziele.

Die einzelnen Spiele in diesem Buch streben eine Vielzahl von Lernzielen an, von denen für das betreffende Spiel jeweils die wichtigsten genannt werden. Außerdem wird in jedem Spiel das soziale Verhalten des Kindes gefördert, denn das didaktische Spiel hat immer eine Spielregel, der sich alle Kinder unterordnen müssen. Im Gruppenspiel üben sie sich in gegenseitiger Hilfe.

Die hier aufgeführten Spiele sind in drei Teile eingeteilt. Die Spiele des ersten Teils verlangen keinerlei Spiel- oder Lernmaterial und beanspruchen keine Vorbereitung. Sie können überall und zu jeder Zeit gespielt werden. Sie sind daher geeignet, Zeiten unproduktiven Wartens, die in Kindergärten leicht entstehen, in produktive Tätigkeit umzuwandeln. Sie kommen damit der kindlichen Mentalität, die ununterbrochene Tätigkeit verlangt, entgegen. Auch in der Familie können diese Spiele helfen, Wartezeiten zu überbrücken. Der Erwachsene wird viele Spiele finden, die selbst auf langen Autofahrten oder im Wartezimmer des Arztes mit wenigen Kindern gespielt werden können.

Der zweite Teil umfaßt Spiele, die nur relativ kurze Zeit der Vorbereitung beanspruchen. Oft sind nur einige Handgriffe notwendig. Das benötigte Material ist in Kindergarten und Familie meist vorhanden.

Die Spiele des dritten Teils erfordern eine etwas längere Vorbereitungszeit. Die Spielmittel sind mit vorhandenem Material leicht selbst herzustellen. Sie sind oft nicht nur einmal, sondern viele Male zu verwenden. Will man die Vorbereitungszeit verkürzen, so kann man sich z. B. die benötigten Karten vom Buchbinder oder im Papiergeschäft in entsprechender Größe zuschneiden lassen. Spielmittel, die man mehrfach verwenden will, überzieht man am besten mit durchsichtiger Klebefolie und macht sie so auch für Spiele ohne Aufsicht haltbar. Als Materialschalen lassen sich sauber ausgewaschene Quarkbecher oder runde Käseschachteln vorteilhaft verwenden. Werden beim Spiel den Kindern Tüten über den Kopf gezogen, achte man darauf, daß es immer Papier- und nie Plastiktüten sind.

Die Anzahl der mitspielenden Kinder schwankt bei den Spielen aller drei Teile zwischen wenigen und 25. Diese Zahl sollte auch im Kindergarten — selbst beim Spiel im Freien — nicht überschritten werden, damit die Gruppe für das Kind noch einigermaßen überschaubar bleibt. Für die meisten Spiele empfiehlt sich eine geringe Anzahl Mitspieler, damit sich alle Kinder rege beteiligen können.

Besonders für das Freie geeignete Spiele sind mit einem (F) versehen.

Die Spiele aller drei Teile dieses Buches sind, soweit das überhaupt möglich ist, innerhalb ihres Teiles nach der Schwierigkeit ihrer Aufgabe und ihrer Spielregel geordnet. Die Spielregeln müssen vor Beginn des Spiels allen teilnehmenden Kindern sorgfältig erklärt werden.

Es ist ratsam, immer mehrere Spiele vorbereitet zu haben, da die Dauer der einzelnen Spiele von der Anzahl und dem Entwicklungsstand der Kinder abhängt und manche Aufgaben von den Kindern schneller gelöst werden, als man denkt.

Dem Erwachsenen wird empfohlen, die Spiele allein oder mit Hilfe der Kinder abzuwandeln. Es gibt dafür zahlreiche Möglichkeiten. Bei zu oft in derselben Form wiederholten Spielen erlahmt das Interesse der Kinder. Neue Varianten aber regen immer wieder an und wecken neue Spielfreude. Dadurch wird der didaktische Wert der Spiele gesteigert.

TEIL I

SPIELE OHNE SPIEL- UND LERNMITTEL
UND OHNE VORBEREITUNGSZEIT

1. Ein Finger oder viele

Lernziel: Erster Mengenbegriff
Anzahl der Kinder: 3—15

Spielregel:

Die Kinder stehen oder sitzen in einer Reihe. Ein Kind, etwa Thomas, tritt vor die Reihe und schaut die Kinder an. Er hält eine Hand auf dem Rücken. (Der Erwachsene muß die Hand beobachten können.) Er streckt an dieser Hand einen oder mehrere Finger aus, ohne daß die Kinder es sehen können. Dann fragt er ein Kind aus der Reihe: „Ein Finger oder viele?" Peter muß raten. Thomas zeigt nun die Hand mit dem oder den ausgestreckten Fingern. Hat Peter richtig geraten, darf er die nächste Frage an ein anderes Kind stellen. Hat er falsch geraten, darf Thomas noch einmal fragen.

2. Ich denke an etwas

Lernziel: Beobachten, erkennen, Konzentration
Anzahl der Kinder: 3—15

Spielregel:

Der Erwachsene beginnt das Spiel. Er sagt: „Ich denke an etwas, das ist..." Nun beschreibt er einen Gegenstand, der den Kindern vertraut sein muß, etwa einen Stuhl: „... aus Holz, hat vier Beine, steht hier im Zimmer, ist rot, man sitzt darauf" usw. Wer den Gegenstand zuerst geraten hat, darf die nächste Aufgabe stellen.

3. Farben nennen

Lernziel: Farben erkennen
Anzahl der Kinder: 3—15

Spielregel:

Die Kinder sitzen in einer Reihe. Lukas steht vor der Reihe, zeigt deutlich auf einen Gegenstand im Raum, etwa einen Würfel, und ruft den Namen eines Kindes: „Barbara!"
Barbara muß nun antworten: „Der Würfel ist rot."
Hat Barbara die richtige Antwort gegeben, steht sie auf und stellt sich vor die Reihe. Lukas setzt sich auf ihren Platz.
Barbara zeigt auf eine Vase und ruft ein anderes Kind auf: „Petra!" Petra sagt: „Die Vase ist blau." Nennt Petra eine falsche Farbe, darf Barbara noch einmal auf einen Gegenstand zeigen und ein anderes Kind aufrufen.

Andere Spielform:

Das Spiel kann auch umgekehrt gespielt werden: Lukas zeigt nicht auf einen Gegenstand, sondern sagt: „Barbara, zeig mir etwas, was rot ist!" Dann muß Barbara schnell einen roten Gegenstand zeigen. Die übrigen Kinder kontrollieren, ob sie es richtig macht.

4. Ein Kind geht spazieren (F) *

Lernziel: Zahlenkreis und Ordnungszahlen bis 3
Anzahl der Kinder: 12—25

Ein Kind, das geht spa-zie - ren so ganz al - lein.
Da holt es sich ein zwei-tes, das soll bei ihm sein.

Hei - a hei! Eins und eins ist zwei. Zwei

Kin - der wol - len tan - zen, hei - a hei!

Spielregel:

Die Kinder gehen im Kreis. Sabine geht innerhalb des Kreises in entgegengesetzter Richtung. Die Kinder singen nach der oben angegebenen Melodie:

> „Ein Kind, das geht spazieren so ganz allein.
> Da holt es sich ein zweites, das soll bei ihm sein."

Sabine sucht sich ein zweites Kind. Sie faßt Martin an und tanzt mit ihm, während der Kreis stehenbleibt, klatscht und singt:

> „Heia hei! Eins und eins ist zwei.
> Zwei Kinder wollen tanzen, heia hei!"

Die Kinder gehen wieder im Kreis. Sabine und Martin gehen angefaßt in entgegengesetzter Richtung. Die Kinder singen dazu:

> „Zwei Kinder gehn spazieren, und das ist fein.
> Sie holen sich ein drittes, das soll bei ihnen sein."

Martin sucht ein drittes Kind aus. Alle drei Kinder fassen sich an und tanzen, während der Kreis klatscht und singt:

> „Heia hei! Zwei und eins ist drei.
> Drei Kinder wollen tanzen, heia hei."

---

* (F) = Besonders für das Freie geeignete Spiele.

5. Wieviel Finger strecke ich hoch?

Lernziel: Zahlenkreis bis 5
Anzahl der Kinder: 5—15

Spielregel:

Susanne stellt sich so, daß alle mitspielenden Kinder sie gut sehen können. Sie winkt Michael. Michael stellt sich mit dem Rücken vor Susanne und bückt sich. Susanne klopft ihm mit der Hand leicht auf den Rücken und streckt an der anderen Hand eine Anzahl Finger hoch. Sie sagt dabei: „Wieviel Finger strecke ich hoch?"
Rät Michael die richtige Zahl, darf er ein neues Kind bestimmen und ihm die gleiche Frage stellen. Hat er falsch geraten, darf Susanne ein anderes Kind aussuchen und auch ihm eine Aufgabe stellen.

6. Reime lernen

Lernziel: Gedächtnisübung, Sprachentwicklung
Anzahl der Kinder: 2—20

Spielregel:

Der Erwachsene spricht langsam und deutlich den Kindern einen ihnen unbekannten Reim vor, anfangs zwei, später vier Zeilen. Er läßt ihn von einzelnen Kindern nachsprechen. Wer ihn zuerst ohne Hilfe sagen kann, ist Sieger und darf den anderen, die ihn noch nicht können, helfen.

Einige Reime:

Eins und eins ist zwei,
die Henne legt ein Ei.

Die Katze ruft miau,
der Hund, der bellt wau-wau.

Wir laufen ohne Schuh und Strümpfe
durch die pitsch-patsch-nassen Sümpfe

Will schnell auf den Jahrmarkt laufen
und mir eine Brezel kaufen.

Ein Mädchen kommt gegangen,
ein Bübchen will es fangen.
Das Mädchen läuft ins Haus
und lacht das Bübchen aus.

Fährt die kleine Eisenbahn,
fährt, so schnell sie fahren kann.
Drin sind Frau und Kind und Mann,
winken aus der Eisenbahn.

Ein Mann und eine Maus,
die wohnen in einem Haus.
Der Mann ißt gerne Speck,
das Mäuschen nascht ihn weg.

Fliegt ein Flugzeug übers Land,
über sieben Berge,
und drin reisen Hand in Hand
sieben lustige Zwerge.

Es schneit, es schneit, hurra!
Der Winter ist jetzt da!
Nun laßt euch nicht lang bitten
und holt schnell euren Schlitten!

Geht ein Mann nach Niemandsland,
hat ein Würstchen in der Hand;
kommt ein Hund in schnellem Lauf,
schwapp — und frißt das Würstchen auf.

7. Wie sehe ich aus?

Lernziel: Beobachten, Erweiterung der Kenntnisse
Anzahl der Kinder: 12—25

Spielregel:

Die Kinder bilden einen Kreis. Der Erwachsene fordert die Kinder auf, sich selbst genau zu betrachten. Dann ruft er: „Alle Kinder mit blauen Hosen kommen in den Kreis!"
Nach kurzer Kontrolle, ob die Aufgabe von allen richtig gelöst wurde, laufen alle Kinder auf ihre Plätze zurück. Der Erwachsene — später auch ein Kind — stellt die nächste Aufgabe: „Alle Kinder mit schwarzen Schuhen...", „...mit hellem Haar...", „...mit roten Söckchen..." usw. Es kann auch ein Scherz eingefügt werden: „Alle Kinder, die zehn Finger haben..." oder „Alle Kinder, die sich heute gut gewaschen haben..." usw.
Das Spiel muß zügig gespielt werden.

Erschwerte Spielform:

Der Erwachsene sagt: „Alle Kinder, die in der ...straße wohnen...", „...die...Jahre alt sind...", „...die zwei Geschwister haben..." usw.

8. Mäntel raten

Lernziel: Beobachten, erkennen
Anzahl der Kinder: 8—20

Spielregel:

Michael geht hinaus und zieht sich den Mantel von Peter an. Er kommt wieder herein. Peter, der seinen Mantel erkennt, darf weder sprechen noch lachen.
Die anderen Kinder raten, wem der Mantel gehört. Das Kind, das den Mantelbesitzer zuerst nennt, darf beim nächsten Spiel hinausgehen und einen anderen Mantel anziehen.

Andere Spielform:

Das Spiel kann abgewandelt werden, wenn man Mützen oder Frühstückstaschen erraten läßt.

Erschwerte Spielform:

Das Spiel wird schwerer, wenn Michael zwei oder drei Kleidungsstücke verschiedener Kinder anzieht. Dann ist das Kind als nächstes an der Reihe, das zuerst ein Kleidungsstück erkannt hat.

9. Ich habe einen Bruder (F)

Lernziel: Zahlenkreis bis 5, Erweiterung der
Kenntnisse
Anzahl der Kinder: 12—25

Ich ha - be ei - nen Bru - der, und das ist fein.
Ich kann mit ihm schön spie - len, bin nicht al - lein.

Spielregel:

Die Kinder bilden einen Kreis. Thomas geht in die Mitte des Kreises und singt nach der oben angegebenen Melodie, während die Kinder im Kreis herumgehen:

"Ich habe einen Bruder, und das ist fein.
Ich kann mit ihm schön spielen, bin nicht allein."

Der Kreis bleibt stehen. Alle Kinder, die wie Thomas einen Bruder haben, gehen in den Kreis, fassen sich an mit Thomas und tanzen, während der Kreis nach derselben Melodie singt und dazu klatscht:

"Ihr habt ja einen Bruder, und das ist fein.
Ihr könnt mit ihm schön spielen, seid nicht allein."

(Hat Thomas allein nur einen Bruder, so singen die Kinder: "Du hast ja einen Bruder..." Dann tanzt Thomas allein.)
Thomas sucht Elisabeth aus, die ihn ablösen soll. Elisabeth hat zwei Schwestern und singt daher:

"Ich habe ja zwei Schwestern..."
Dann gehen alle Kinder in den Kreis, die auch zwei Schwestern haben.
Ein anderes Kind hat vielleicht einen Bruder und eine Schwester. Es singt:

"Ich habe zwei Geschwister..." usw.
Kommt ein Kind in den Kreis, das keine Geschwister hat, so hockt es sich nieder, stützt den Kopf in die Hände und singt:

"Ich habe keine Geschwister, und bin allein.
Darum muß ich auch immer ganz traurig sein."

Alle Kinder, die auch keine Geschwister haben, gehen in die Mitte des Kreises und fassen sich zu einem kleinen Kreis an. Während dieser kleine Kreis tanzt, klatscht der große Kreis und singt:

"Ihr habt keine Geschwister und seid doch nicht allein.
Wir alle wollen gern eure Spielgefährten sein!"

Der Erwachsene muß die Familienverhältnisse der Kinder gut kennen, um das Spiel kontrollieren zu können.

10. Stadt und Dorf

Lernziel: Zuordnen, Sprachbildung
Anzahl der Kinder: 3—15

Spielregel:

Der Erwachsene ruft ein Kind auf und fragt: „Barbara, was gibt es im Dorf?" Barbara muß mit einem ganzen Satz antworten. Sie sagt: „Im Dorf gibt es Bauern." Nun darf Barbara fragen. Sie sagt: „Martin, was gibt es in der Stadt?" Martin antwortet: „In der Stadt gibt es Hochhäuser." Nun fragt Martin. Hat er aber falsch geantwortet, darf Barbara noch einem anderen Kind eine Frage stellen.
Man kann auch fragen: Was gibt es in der Stadt und im Dorf? Dann muß etwas genannt werden, was es in Stadt und Dorf gibt, also etwa Bäume oder Vögel oder Wohnhäuser usw.

Andere Spielform:

Die Fragen können auch umgekehrt gestellt werden, also etwa: Wo gibt es Kühe? Wo gibt es eine Straßenbahn? Wo gibt es einen Zoo? usw.

11. Vorwärts und rückwärts (F)

Lernziel: Räumliche Orientierung, Konzentration
Anzahl der Kinder: 8—20

Spielregel:

Die Kinder marschieren zu einem Marschlied im Kreis. Der Erwachsene ruft unerwartet: „rückwärts!" oder er klatscht zweimal in die Hände. Die Kinder müssen schnell reagieren und rückwärts marschieren. Ruft der Erwachsene „vorwärts" oder klatscht er einmal in die Hände, marschieren die Kinder wieder vorwärts. Die Richtung muß oft, aber in unregelmäßigen Zeitabständen wechseln.

Andere Spielform:

Das Spiel kann auch so durchgeführt werden, daß der Erwachsene „umdrehen" ruft. Dann machen alle Kinder eine halbe Drehung und marschieren zwar vorwärts, aber in anderer Richtung.

12. Farben suchen

Lernziel: Farben kennenlernen, Sprachbildung
Anzahl der Kinder: 3—15

Spielregel:

Ulrike nennt eine Farbe, z. B. blau, und geht dann hinaus. Der Erwachsene sieht auf die Uhr. Innerhalb von 15 Sekunden müssen alle Kinder einen blauen Gegenstand gefunden haben, ihn in die Hand nehmen oder darauf zeigen. Ulrike wird hereingerufen. Die Kinder zeigen ihr nacheinander ihren blauen Gegenstand und benennen ihn. Sie sprechen dabei einen ganzen Satz: „Das ist eine blaue Hose!" — „Das ist ein blauer Ball!" — „Das ist ein blauer Punkt auf der Tapete!" usw. Die Kinder, die keinen blauen Gegenstand nennen können, scheiden bei der nächsten Runde aus oder geben ein Pfand. Ulrike darf ein anderes Kind bestimmen, das jetzt eine Farbe nennt und hinausgeht.

13. Wieviel Schritte darf ich gehn? (F)

Lernziel: Größenunterschiede, räumliche Orientierung, Zahlenkreis bis 3
Anzahl der Kinder: 3—10

Spielregel:

Die Kinder stehen in einer Reihe, am besten vor einer Wand. Susanne ist Spielführerin und steht an der gegenüberliegenden Wand oder sechs bis acht Meter entfernt gegenüber der Kinderreihe. Das erste Kind der Reihe, etwa Peter, fragt: „Wieviel Schritte darf ich gehn?" Susanne antwortet: „Du darfst zwei (einen, drei) Schritte gehn." Peter fragt zurück: „Große oder kleine Schritte?" Susanne bestimmt, ob die Schritte groß oder klein sein sollen. Peter fragt: „Vor oder zurück?" Susanne legt auch fest, ob Peter vor oder zurück gehen soll. Dabei ist zu beachten, daß die ersten Schritte jedes Kindes immer vorwärts gehen müssen.
Erst jetzt darf Peter die angegebenen Schritte machen und wird dabei von den übrigen Kindern kontrolliert. Hat Peter eine Frage vergessen, muß er auf seinem Platz stehenbleiben.
Nun stellt das zweite Kind der Reihe dieselben Fragen, dann das dritte usw. Wer zuerst bei Susanne ankommt, darf im nächsten Spiel Spielführer sein.
Bei diesem Spiel muß der Erwachsene auf Gerechtigkeit achten, denn der Spielführer hat es in der Hand, siegen zu lassen, wen er will.

14. Stummes Spiel

Lernziel: Konzentration, Zahlenkreis bis 10
Anzahl der Kinder: 3—10

Spielregel:

Bei diesem Spiel darf nicht gesprochen werden. Der Erwachsene oder ein Kind klopft mehrmals auf den Tisch oder klatscht in die Hände. Die Kinder müssen in Gedanken mitzählen und schnell die Anzahl der Schläge durch Hochstrecken der Finger anzeigen. Wer zuerst die richtige Zahl gezeigt hat, darf beim nächsten Spiel klopfen oder klatschen. Wer spricht, scheidet aus.

15. Schuhe raten

Lernziel: Beobachten, erkennen, Geschicklichkeit
Anzahl der Kinder: 5—10

Spielregel:

Martin muß sich die Schuhe aller Kinder gut anschauen und wird dann hinausgeschickt. Alle anderen Kinder ziehen jetzt ihre Schuhe aus, wobei sie angehalten werden, die Bänder richtig aufzuknoten oder die Schnallen zu lösen. Alle Schuhe werden in einer langen Reihe aufgestellt. Die Kinder werden darauf hingewiesen, daß sie nicht sprechen oder lachen dürfen, wenn ihnen falsche Schuhe gebracht werden.
Martin wird hereingerufen. Nun muß er jedem Kind die Schuhe bringen, die er für die richtigen hält. Hat er alle Schuhe verteilt, dürfen die Kinder wieder sprechen. Martin muß zählen, wieviel Paar Schuhe er den richtigen Besitzern gebracht hat. Die Kinder tauschen ihre Schuhe aus, ziehen sie aber nicht wieder an, sondern stellen sie vor sich hin. Martin bestimmt das Kind, das nun hinausgehen soll: Petra.

Petra zieht ihre Schuhe an, Martin aus. Petra sieht sich wieder die Kinder und die vor ihnen stehenden Schuhe gut an. Dann geht sie hinaus. Die Schuhe aller Kinder werden wieder in einer Reihe aufgestellt, aber in anderer Anordnung als das erste Mal. Petra kommt herein und muß die Schuhe wieder verteilen.

Man kann das Spiel etwa dreimal spielen. Gewonnen hat das Kind, das die meisten Schuhe richtig verteilt hat.

Zuletzt tauschen die Kinder ihre Schuhe wieder untereinander aus und ziehen sie an, wobei die geschickteren den ungeschickteren helfen dürfen.

16. Zähle weiter!

Lernziel: Zahlenkreis bis 10
Anzahl der Kinder: 5—10

Spielregel:

Sabine steht in der Mitte des Kreises oder vor der Reihe der Kinder. Sie ruft Michael auf. Michael tritt zu ihr. Sabine nennt ihm eine Zahl zwischen 2 und 9 und fügt entweder „vorwärts" oder „rückwärts" hinzu. Sie sagt also z. B.: „4 vorwärts!" Michael beginnt nun bei der 4 zu zählen und zählt bis 10. Hätte Sabine gesagt: „4 rückwärts", hätte er zählen müssen: „4—3—2—1."

Hat Michael seine Aufgabe richtig gemacht, darf er einem anderen Kind die nächste Aufgabe stellen. Hat er nicht richtig gezählt, kann Sabine noch einmal einem anderen Kind eine Zahl nennen.

17. Viele Häuser, viele Bäume

Lernziel: Mehrzahlbildung
Anzahl der Kinder: 5—15

Spielregel:

Die Kinder stehen oder sitzen im Kreis. Petra hat den Gürtel ihres Kleides zur Verfügung gestellt und darf darum das Spiel beginnen. Statt eines Gürtels kann man auch ein Stück Schnur nehmen. Ein Ende der Schnur bekommt einen Knoten.

Petra steht in der Mitte des Kreises, wirft den Gürtel hoch und nennt dabei einen Gegenstand (in der Einzahl), z. B.: „Ein Buch!" Der Gürtel fällt im Kreis nieder. Das Kind, auf das das Gürtelende ohne Schnalle zeigt, muß nun die Antwort geben: „Viele Bücher." Hat es die richtige Mehrzahlform gefunden, darf es jetzt in die Mitte gehen, den Gürtel hochwerfen und eine neue Einzahl nennen. Hat es die richtige Mehrzahlform nicht nennen können, darf Petra noch einmal werfen.

Der Erwachsene macht die Kinder auf die verschiedenen Mehrzahlbildungen aufmerksam.

18. Was bin ich? (F)

Lernziel: Zuordnen, Begriffsbildung
Anzahl der Kinder: 12—25

Nun ra - tet mal, was bin ich? Nun ra - tet schön! Ihr

könnt in mei - nen Hän - den ' ei - nen Pin - sel sehn.

Spielregel:

Die Kinder gehen im Kreis. Lukas steht in der Mitte und singt nach der oben angegebenen Melodie:

"Nun ratet mal, was bin ich? Nun ratet schön!
Ihr könnt in meinen Händen einen Pinsel sehn."
Er macht dazu die Bewegung des Malens.
Alle Kinder bleiben stehen, machen die Bewegung des Malens mit und singen zur selben Melodie:

"Du bist ja ein Maler, das kann man sehn,
denn mit deinem Pinsel malst du so schön!"
Lukas bestimmt ein Kind, das jetzt in den Kreis geht und eine andere Bewegung macht. Die Antwort des Kreises muß je nach dem genannten Gegenstand abgewandelt werden.
Die Kinder denken sich andere Berufe und ihre Kennzeichen aus wie:

Schneider — Nadel,
Schreiner — Hobel,
Zimmermann — Säge,
Gärtner — Spaten,
Koch — Kochlöffel,
Maurer — Baustein,

Fahrer — Lenkrad,
Kaufmann — Tüte,
Schaffner — Zange,
Bauer — Sense,
Briefträger — Briefe,
Polizist — Pfeife usw.

19. Ich seh etwas, was ihr nicht seht

Lernziel: Farben erkennen, beobachten, Sprachbildung
Anzahl der Kinder: 3—15

Spielregel:

Der Erwachsene oder ein Kind denkt sich einen
für alle Kinder gut sichtbaren Gegenstand aus und
sagt: „Ich seh etwas, was ihr nicht seht, das ist
rot."
Die Kinder müssen nun fragen: Ist es das Bild?
Ist es Sabines Pullover? Ist es die Puppe? usw.
Immer muß der Gegenstand richtig benannt werden. Das Kind darf nicht darauf zeigen und nur
fragen: Ist es das?
Wer den richtigen Gegenstand zuerst genannt hat,
darf sich den nächsten Gegenstand ausdenken.

Andere Spielform:

Statt Farben kann man auch ein anderes Merkmal
des zu ratenden Gegenstandes angeben. Bei-
spiele: Ich seh etwas, was ihr nicht seht, das ist
aus Holz (Glas, Papier, Stoff usw.).
Ich seh etwas..., das hat vier Beine (Flügel, ein
weiches Fell usw.).
Ich seh etwas..., das dient zum Schreiben (Malen, Spielen, Essen usw.).

20. Eins, zwei, drei, vier, wer steht hinter dir?

Lernziel: Gehörübung, beobachten, erkennen
Anzahl der Kinder: 5—15

Spielregel:

Die Kinder sitzen im Kreis. Der Erwachsene sitzt
unter ihnen. Er winkt Ulrike, die zu ihm kommt.
Sie legt ihren Kopf auf seinen Schoß, so daß sie
nichts sehen kann. Nun winkt der Erwachsene
Thomas, der hinter Ulrike tritt. Thomas sagt mit
verstellter Stimme: „Eins, zwei, drei, vier, wer
steht hinter dir?" Ulrike muß an der Stimme erkennen, wer hinter ihr steht. Hat sie richtig geraten, darf sie das nächste Kind bestimmen, das
raten soll. Hat sie falsch geraten, darf Thomas
raten.

21. Wo befinde ich mich?

Lernziel: Zuordnen, Sprachentwicklung
Anzahl der Kinder: 2—20

Spielregel:

Der Erwachsene erzählt: „Ich bin in einem großen
Park. Es gibt hier viele Bäume. Ich sehe Rasen-
flächen und Bänke zum Ausruhen. Viele große und
kleine Leute gehen umher. Sie bleiben vor Zäunen und Käfigen stehen oder gehen in kleine
Häuser hinein. In den Käfigen und Häusern und
hinter den Gittern und Zäunen sind viele Tiere.
Manche Tiere darf man füttern."
Haben die Kinder bis hierhin noch nicht erraten,
daß es sich um den Zoo handelt, geht der Erwachsene mehr ins einzelne, zählt die Tierarten auf
und beschreibt sie.
Das Kind, das zuerst merkt, daß der Erwachsene
vom Zoo erzählt, darf aufstehen und weitererzäh-
len, was es vom Zoo weiß.
Wichtig ist, daß der Erwachsene zuerst die allge-
meinen und dann erst die speziellen Merkmale
aufzählt, um die Spannung bei den Kindern zu
erhöhen und die Aufgabe nicht zu leicht zu
machen.

Andere Themen: Küche, Garten, Kindergarten,
Spielplatz, Laden, Omnibus, Bahnhof, Wald usw.

22. Rechts und links

Lernziel: Räumliche Orientierung
Anzahl der Kinder: 5—15

Spielregel:

Die Kinder stehen oder sitzen im Kreis. Michael geht in die Mitte des Kreises. Er hält sich mit der linken Hand die Augen zu, oder man zieht ihm eine Papiertüte über den Kopf, so daß er nichts mehr sehen kann. Er dreht sich einige Male um sich selbst, bleibt dann stehen und zeigt mit ausgestrecktem rechtem Arm auf ein Kind, etwa Susanne. Er sagt dazu: „Linken Arm nach vorn!" oder „Rechten Arm nach oben!" oder „Rechten Fuß heben!" oder „Kopf nach links drehen!" usw.
Kann Susanne die Bewegung schnell und richtig ausführen, darf sie Michael ablösen. Kann sie es nicht, darf Michael einem anderen Kind eine neue Aufgabe stellen.

23. Kind erraten

Lernziel: Tastsinn üben, beobachten, Gedächtnis
Anzahl der Kinder: 5—15

Spielregel:

Die Kinder bilden einen Kreis. Ulrike kommt in die Mitte. Sie wird aufgefordert, sich alle Kinder gut anzuschauen.
Nun wird Ulrike eine Papiertüte über den Kopf gezogen. Sie wird zweimal um sich selbst gedreht. Dann geht sie auf ein Kind im Kreis zu. Sie muß versuchen, durch Abtasten zu erraten, zu wem sie gekommen ist. Kann sie es nicht erraten, darf sie Fragen stellen: „Ist es ein Junge oder ein Mädchen?" — „Welche Farbe hat sein Pullover?" — „Wie alt ist das Kind?" — „Hat es lange oder kurze Haare?" usw. Die Frage nach dem Namen ist natürlich nicht erlaubt.
Das Kind, das Ulrike erraten soll, darf nicht selbst antworten. Die Antworten geben die anderen Kinder.
Ulrike darf so lange fragen, bis sie das Kind erraten hat, das nun selbst in den Kreis kommen und das nächste Kind erraten darf.

24. Was ist größer?

Lernziel: Begriffsbildung, Sprachentwicklung
Anzahl der Kinder: 3—10

Spielregel:

Die Kinder stehen in einer Reihe. Der Erwachsene steht ihnen in einigen Metern Abstand gegenüber. Der Erwachsene fragt: „Was ist größer, der Baum oder der Strauch?" Das Kind, das zuerst die richtige Antwort gibt, darf einen kleinen Schritt vorwärts gehen, etwa um eine Schuhlänge. Die anderen Kinder kontrollieren die Länge des Schrittes. Das Kind bleibt auf seinem neuen Platz stehen.
Der Erwachsene stellt die nächste Frage, etwa: „Was ist größer, der Roller oder das Fahrrad?" Die Kinder müssen immer mit einem ganzen Satz antworten, also: „Das Fahrrad ist größer als der Roller."
Wer falsch antwortet, muß auf seinem Platz stehenbleiben. Wer zuerst beim Erwachsenen ankommt, hat gewonnen.

Andere Vergleichsfragen:

Elefant — Löwe,
Kuh — Kalb,
Katze — Maus,
Huhn — Küken,
Schlange — Wurm,
Taube — Spatz,
Fluß — Bach,
Riese — Zwerg,
Mann — Kind,
Stopfnadel — Nähnadel,
Trinkbecher — Eierbecher,
Apfel — Kirsche
Kokosnuß — Haselnuß,
Pflaume — Heidelbeere,
Topf — Tasse,
Kochlöffel — Teelöffel,
Wohnzimmer — Badezimmer,
Wohnhaus — Gartenhaus,
Lastwagen — Personenauto,
Eisenbahn — Omnibus,
Kinderwagen — Puppenwagen,
Kleiderbürste — Zahnbürste usw.

Andere Spielform:

Das Spiel kann abgewandelt werden, wenn man fragt: Was ist länger, dicker, heller . . .?

25. Wörter suchen

Lernziel: Erweiterung des Wortschatzes, Sprachentwicklung
Anzahl der Kinder: 3—15

Spielregel:

Die Kinder stehen in einer Reihe. Das erste Kind, Thomas, nennt den Anlaut eines Wortes. Das kann ein Vokal oder ein Konsonant sein. Der Konsonant darf aber nur als Laut ausgesprochen werden, also z. B. nicht ka, sondern nur k.
Thomas sagt: „m". Nun müssen alle Kinder der Reihe nach ein Wort nennen, das mit m anfängt, z. B. Milch, Mutter, Mann usw. Findet ein Kind nicht gleich ein Wort, so zählen alle Kinder lang-sam und leise bis 5. Hat das Kind dann noch immer kein Wort gefunden, so scheidet es aus dem Spiel aus oder gibt ein Pfand, entsprechend der Vereinbarung vor dem Spiel.
Das letzte Kind, das ein Wort gefunden hat, geht an den Anfang der Reihe und nennt einen neuen Anfangslaut, etwa r. Die Kinder nennen nun der Reihe nach Wörter, die mit r anfangen.

Erschwerte Spielform:

Das Spiel wird schwerer, wenn man die Wortwahl auf bestimmte Gebiete beschränkt. Es dürfen z. B. nur Gegenstände des Hauses oder des Gartens, nur Spielzeug oder nur Tiere usw. genannt werden.

26. Lustiges Singen

Lernziel: Sprachbildung, Konzentration
Anzahl der Kinder: 3—15

Spielregel:

Die Kinder singen ein leichtes Kinderlied mit einfacher Melodie, etwa „Backe, backe Kuchen" oder „Alle meine Entchen".
Der Erwachsene schlägt vor, das Lied „ohne Worte" zu singen. Er beginnt, die Melodie zu summen. Die Kinder summen mit. Der Erwachsene macht darauf aufmerksam, daß man auch auf andere Art „ohne Worte" singen kann. Er beginnt, die Melodie auf la — la — la . . . zu singen. Die Kinder singen wieder mit.
Dann dürfen die Kinder Vorschläge machen, wie man noch singen könnte. Sind die Vorschläge brauchbar, wird auf die von ihnen vorgeschlagene Silbe gesungen. Finden die Kinder keine Silbe, schlägt der Erwachsene eine leicht aussprechbare

Silbe wie do oder ma vor. Dann geht er zu schwierigeren Silben über und achtet auf gute und deutliche Aussprache: tri — tri — tri oder schu — schu — schu.

Wenn die Kinder dieses Spiel beherrschen, dürfen sie bestimmen, welche Melodie und welche Silbe sie singen wollen.

Dann stellt sich Lukas so auf, daß alle anderen ihn gut sehen können. Die Kinder singen. Mitten im Lied hebt Lukas die Arme hoch. Sofort müssen alle Kinder still sein. Wer weitersingt, muß je nach Vereinbarung ein Pfand geben oder scheidet aus dem Spiel aus. Es werden ein neues Lied, eine neue Silbe und ein anderes Kind bestimmt, und das Spiel beginnt von neuem.

Erschwerte Spielform:

Das Spiel wird schwerer, wenn die Kinder auf das Handzeichen von Lukas zwar weitersingen müssen, aber auf eine andere, vorher vereinbarte Silbe. Der Wechsel kann in einem Lied auch öfter erfolgen.

27. Geschichte mit Zahlen

Lernziel: Konzentration
Anzahl der Kinder: 2—20

Spielregel:

Der Erwachsene erzählt eine Geschichte aus dem täglichen Leben und flicht möglichst viele Zahlen unter 10 ein. Bei jeder vorkommenden Zahl müssen die Kinder die Hand heben. Wer vergißt, die Hand zu heben, muß ein Pfand geben.

Das Spiel ist schwerer, wenn die Kinder jedesmal die der Zahl entsprechende Anzahl der Finger zeigen müssen.

Andere Spielformen·

Eine andere Form ergibt sich, wenn die Kinder nur bei einer vorher vereinbarten Zahl die Hand heben dürfen.

Statt einer Zahl kann auch ein anderer Begriff bestimmt werden, etwa Tiere, Farben oder Namen usw.

Erschwerte Spielform:

Schwerer wird das Spiel, wenn die Kinder die Hand heben sollen, sobald der Erwachsene Dinge erzählt, die nicht stimmen können: wenn er z. B. von einer grünen Katze spricht, von einem Hund, der durch die Luft fliegt, oder von einem Stuhl, der zwei Beine hat, usw. Der Erzähler muß aber darauf achten, daß er im übrigen in der Wirklichkeit bleibt. Er darf also keine Märchen erzählen.

28. Weg suchen (F)

Lernziel: Zahlenkreis bis 10
Anzahl der Kinder: 12—22, aber nur eine gerade Zahl

Spielregel:

Das Spiel wird am besten im Freien gespielt. Man teilt die Kinder in zwei gleich große Gruppen, von denen jede ein eigenes Spielfeld bekommt. Von jeder Gruppe wird ein Kind bestimmt, das „den Weg suchen" soll. In Gruppe 1 ist es Christian, in Gruppe 2 Peter.

Die übrigen Kinder jeder Gruppe — es sind 5 bis 10 Kinder — erhalten eine Zahl, die sie durch hochgestreckte Finger anzeigen müssen. Die Zahlen werden der Reihe nach von 1 aufwärts vergeben. Die höchste Zahl, die gegeben wird, entspricht der Anzahl der Kinder auf einem Spielfeld, also höchstens 10. Jede Zahl muß in jeder Gruppe vertreten sein.

Der Erwachsene klatscht in die Hände. Jedes der Kinder außer Christian und Peter sucht sich innerhalb des Spielfeldes seiner Gruppe einen Platz, an dem es stehenbleibt und seine Zahl durch hochgestreckte Finger anzeigt.

Christian und Peter kommen zu dem Erwachsenen, der seinen Platz genau zwischen den Spielfeldern hat. Der Erwachsene klatscht wieder in die Hände. Christian und Peter laufen, jeder innerhalb seines Spielfeldes, los. Jeder sucht auf seinem Spielfeld das Kind mit *einem* hochgestreckten Finger. Sie geben diesem Kind einen leichten Schlag, worauf es den erhobenen Arm mit der angezeigten Zahl herabnehmen muß. Dann laufen sie zu Kind 2, machen es dort ebenso, dann zu Kind 3 usw. Sie müssen unter Umständen kreuz und quer durch das Spielfeld laufen.

Zuletzt kommen sie zu dem Kind mit der höchsten Zahl. Derjenige ist Sieger, der zuerst alle Kinder seines Spielfeldes in der richtigen Reihenfolge abgeschlagen hat. Die Kinder dürfen also nur der Zahlenreihe nach abgeschlagen werden. Nachträgliches Zurücklaufen gilt nicht.

Der Sieger darf ein Kind jeder Gruppe bestimmen, das nun „Wegsucher" sein soll. Christian und Peter übernehmen die Zahlen dieser Kinder. Im neuen Spiel suchen sich die Kinder andere Standorte innerhalb ihres Spielfeldes.

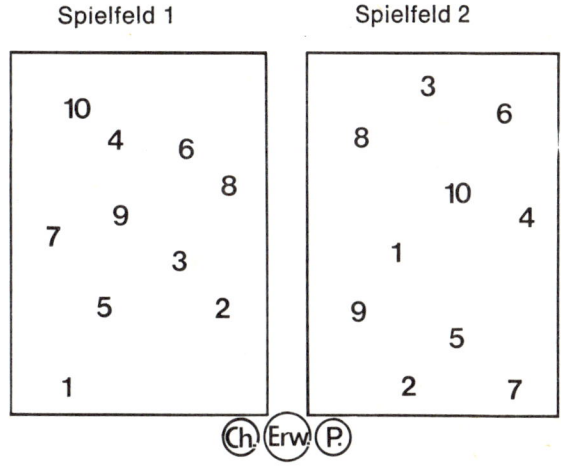

29. Gegenstand raten

Lernziel: Beobachten, erkennen, Sprachbildung, Zahlenkreis bis 10
Anzahl der Kinder: 5—15

Spielregel:

Elisabeth wird hinausgeschickt. Die anderen Kinder denken sich einen gut sichtbaren Gegenstand aus, den Elisabeth raten soll. Sabine wird bestimmt, die Fragen, die Elisabeth stellt, zu zählen. Elisabeth wird hereingerufen. Sie stellt nun nacheinander an die einzelnen Kinder eine Frage: „Welche Farbe hat der Gegenstand?" — „Ist der Gegenstand groß oder klein?" — „Was macht man mit dem Gegenstand?" usw. Die gefragten Kinder antworten. Der Gegenstand ist klein. — Mit dem Gegenstand schreibt man. Sabine zählt laut die Fragen, die Elisabeth stellt.

Hat Elisabeth den Gegenstand vor der zehnten Frage erraten, darf sie die beiden Kinder für die nächste Runde bestimmen. Hat sie den Gegenstand bis zur zehnten Frage nicht geraten, wird er ihr gezeigt. Sie muß dann sagen, wie der Gegenstand heißt und wozu er dient: „Das ist ein Kugelschreiber. Damit schreibt man." Sabine darf jetzt die Kinder für das nächste Spiel bestimmen.

30. Aufträge

Lernziel: Gedächtnisübung, Aufmerksamkeit
Anzahl der Kinder: 3—15

Spielregel:

Der Erwachsene fordert Thomas auf, ihm gut zuzuhören. Dann gibt er ihm mehrere Aufträge, die er nur einmal, aber sehr langsam und deutlich spricht. Die Aufträge sind zuerst einfach, etwa: Hol mir einen Löffel, eine Frühstückstasche und den Papierkorb! Sie werden später schwieriger: Hol deinen Mantel und deine Mütze. Bring den Mantel Andreas und die Mütze Christina! Noch schwieriger: Geh in die Küche, laß dir einen Löffel geben und bring ihn zu Frau Müller ins Büro. Laß dir von ihr einen Bogen Papier geben. Bring mir das Papier und bring gleich deinen Mantel vom Flur mit! Oder: Hier hast du ein Faltblatt. Geh damit in den Hof, reiß es in zwei Stücke, wirf einen Teil in die Mülltonne, heb ein Steinchen auf und wickle es in den Rest des Faltblattes ein. Steck es in deine Frühstückstasche und komm damit zu mir!

Die anderen Kinder kontrollieren, ob Thomas seine Aufträge richtig ausführt. Sie dürfen ihm aber nicht helfen. Hat er es richtig gemacht, darf er das Kind für den nächsten Auftrag bestimmen. Hat er es falsch gemacht, muß er ein Pfand geben.

31. Zwei Stühle

Lernziel: Räumliche Beziehungen, Aufmerksamkeit
Anzahl der Kinder: 2—10

Spielregel:

Etwas voneinander entfernt werden zwei Stühle aufgestellt. Zwischen ihnen steht der Erwachsene, vor ihm zwei Kinder, etwa Martin, der zum rechten, und Susanne, die zum linken Stuhl gehört.
Der Erwachsene gibt einen Befehl: „Stellt euch vor euren Stuhl!" Martin und Susanne müssen diesen Befehl sofort ausführen. Wer von beiden den Befehl zuerst ausgeführt hat, bekommt einen

Punkt in Form einer Spielmarke oder eines kleinen Zettels. Der Erwachsene gibt nacheinander fünf Befehle: „Stellt euch auf die rechte Seite eures Stuhls! Stellt euren Fuß unter den Stuhl! Legt die rechte Hand auf die Lehne! Stellt euch auf den Stuhl!"

Wer nach fünf Befehlen die meisten Punkte hat, hat gewonnen und darf die Kinder für die nächste Runde bestimmen.

Der Erwachsene muß alle Möglichkeiten räumlicher Beziehungen zu den beiden Stühlen ausschöpfen:

Stellt euch rechts (links) neben den Stuhl,

stellt euch hinter (vor, auf) den Stuhl,

legt die rechte (linke) Hand auf die Lehne,

schiebt den Stuhl ein Stück vor (zurück, nach rechts, links),

stellt eure Stühle nebeneinander (hintereinander),

stellt eure Stühle vor (unter, neben) den Tisch,

geht um den Stuhl herum,

setzt euch auf den Stuhl,

legt euch über den Stuhl,

stellt den linken (rechten) Fuß unter (neben, auf, hinter, vor) den Stuhl,

laßt die Stuhlbeine nach oben (rechts, links) zeigen,

stellt euch auf den Stuhl,

kriecht unter dem Stuhl durch,

springt vom Stuhl herab,

legt euren Stuhl um usw.

32. Geschichte mit Bewegung

Lernziel: Konzentration
Anzahl der Kinder: 2—15

Spielregel:

Die Kinder sitzen im Kreis. Jedem Kind wird ein Wort gesagt, das später in der Geschichte oft vorkommen muß, etwa: Vater, Mutter, Haus usw. Das Kind muß sich das betreffende Wort gut merken. Es wird vereinbart, welche Bewegung ausgeführt werden soll, etwa: aufstehen und einmal umdrehen oder aufstehen und eine Verbeugung machen oder in die Hände klatschen.

Der Erwachsene — später kann es auch ein Kind machen — erzählt eine Geschichte und bringt dabei sehr oft die genannten Wörter, also etwa: *Vater* und *Mutter* (die Kinder, die die beiden Worte haben, stehen auf und machen ihre Bewegung) wohnten in einem schönen *Haus* (Bewegung). Eines Tages wollten *Vater* (Bewegung) und *Mutter* (Bewegung) einen Spaziergang machen. Der *Vater* (Bewegung) schloß das *Haus* (Bewegung) ab . . .

Das Spiel muß zügig gespielt werden.

33. Wer seinen Namen weiß (F)

Lernziel: Sprachentwicklung, Erweiterung der Kenntnisse
Anzahl der Kinder: 12—25

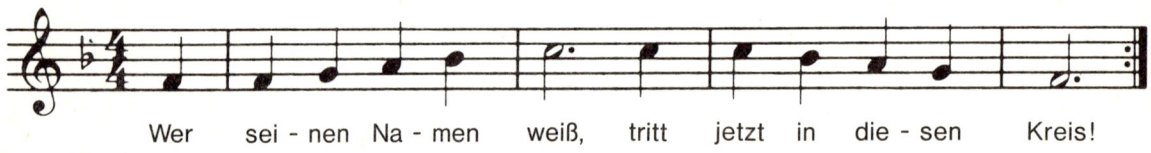

Wer sei - nen Na - men weiß, tritt jetzt in die - sen Kreis!

Spielregel:

Die Kinder gehen im Kreis und singen nach der oben angegebenen Melodie:

„Wer seinen Namen weiß,
tritt jetzt in diesen Kreis!"

Dann bleibt der Kreis stehen. Der Erwachsene (oder ein vorher bestimmtes Kind) ruft den Anlaut eines Namens, etwa U!

Die Kinder, deren Namen mit U beginnen, treten in den Kreis. Jedes Kind sagt laut und deutlich seinen Namen: „Ich heiße Ulrike." — „Ich heiße Uta" usw.

Darauf klatschen die Kinder des Kreises in die Hände und singen nach derselben Melodie:

„Das habt ihr gut gemacht, habt richtig nachgedacht!"

Die Kinder, die eben ihre Namen genannt haben, fassen sich an und tanzen dazu. Ist es nur ein Kind, so tanzt es allein im Kreis.

In der nächsten Runde wird ein anderer Anlaut genannt.

Andere Spielform:

Es wird nicht nach dem Namen, sondern nach der Straße gefragt, in der das Kind wohnt:

„Wer seine Straße weiß,
tritt jetzt in diesen Kreis!"

Alle Kinder, die wissen, wo sie wohnen, treten in den Kreis und sagen nacheinander: „Ich wohne in der...straße Nr..." Dann fassen sie sich an und tanzen, während die anderen Kinder singen und klatschen.

Es kann auch nach dem Alter der Kinder gefragt werden:

„Wer sein Alter weiß..."

Die Kinder, die in den Kreis kommen, sagen dann: „Ich bin...Jahre alt."

Erschwerte Spielform:

Schwerer wird das Spiel, wenn nach dem Geburtstag der Kinder gefragt wird:

„Wer seinen Geburtstag weiß..."

Die Kinder, die in den Kreis treten, müssen mit einem ganzen Satz ihren Geburtstag nennen: „Ich habe am 4. April Geburtstag."

Man kann sich auch andere Fragen ausdenken, etwa, wer die Wochentage oder die Monate weiß.

34. Ja oder nein

Lernziel: Beobachten, erkennen,
   Sprachentwicklung
Anzahl der Kinder: 3—15

Spielregel:

Peter wird hinausgeschickt. Die übrigen Kinder bestimmen einen Gegenstand, der erraten werden soll. Der Gegenstand muß nicht im Zimmer sein, Peter muß ihn aber gut kennen.
Peter wird hereingerufen. Er stellt der Reihe nach an jedes Kind eine Frage und fügt jedesmal hinzu: „Ja oder nein?" Er sagt also etwa: „Ist der Gegenstand groß, ja oder nein?" — „Gehört der Gegenstand einem Kind, ja oder nein?" — „Ist der Gegenstand aus Glas, ja oder nein?" — „Ist der Gegenstand hier im Zimmer, ja oder nein?"
Die Kinder dürfen nur mit ja oder nein antworten. Peter darf so lange fragen, bis er den Gegenstand erraten hat. Das Kind, dem er die letzte Frage gestellt hat, darf bei der nächsten Runde raten.

35. Die Jahreszeiten

Lernziel: Zuordnen, Sprachbildung
Anzahl der Kinder: 3—15

Spielregel:

Elisabeth wird aufgerufen. Der Erwachsene sagt ihr ein typisches Merkmal einer Jahreszeit. Er sagt etwa: „Schnee!" Elisabeth muß nun antworten: „Der Schnee fällt im Winter." Nun ruft Elisabeth Michael auf. Sie sagt: „Osterei!" Michael muß antworten: „Ostereier sucht man im Frühling." Findet Michael nicht die richtige Antwort, sagt Elisabeth sie selbst. Sie darf dann einem anderen Kind noch einmal eine Frage stellen.

Frühling: Weidenkätzchen, Schneeglöckchen, Krokus, Veilchen, Stiefmütterchen, Narzisse, Vergißmeinnicht, Blütenbaum, Tulpe, Osterfest, Osterhase, Ostereier, Kuckuck, Star, Küken, Lamm.
Sommer: Rose, Nelke, Lilie, Sonnenblume, Mohn, Kornblume, Margerite, Kornfeld, Heu, Erdbeere, Himbeere, Heidelbeere, Kirsche, Hitze, Blitz, Donner, Hagel, Schwimmbad, Speiseeis, Reise, Strand.
Herbst: Aster, bunte Blätter, Weintraube, Kartoffelernte, Stoppelfeld, Drachen, Kastanie, Nuß, Laternenfest, Nebel, Sturm.
Winter: Reif, Schnee, Eis, Schneemann, Eisblumen, Schlitten, Schlittschuhe, Schier, Advent, Adventkranz, Kerzen, Nikolaus, Weihnachten, Weihnachtsbaum, Weihnachtsstern, Krippe, Silvester, Neujahr, kahle Bäume.

36. Verbotene Zahl

Lernziel: Konzentration, Zahlenkreis bis 10
Anzahl der Kinder: 3—15

Spielregel:

Die Kinder sitzen am besten an Tischen und klopfen mit der flachen Hand leicht auf die Tischplatte. Sie können aber auch stehen und in die Hände klatschen. Sie zählen gemeinsam laut bis 10 vorwärts und rückwärts und klopfen oder klatschen bei jeder Zahl.
Wenn die Zahlenreihe vor und zurück ohne Pause einige Male gesagt worden ist und von den Kin-

dern gut beherrscht wird, wird eine Zahl ausgemacht, die nicht mehr ausgesprochen werden darf. Bei dieser Zahl soll aber geklopft und geklatscht werden.

Nun wird die Reihe bis 10 wieder vor- und rückwärts aufgesagt und dazu geklopft oder geklatscht. Wer die vereinbarte Zahl ausspricht oder sie zwar nicht spricht, dabei aber das Klopfen vergißt, scheidet aus dem Spiel aus.

Die Zahlenreihe wird so lange wiederholt, bis nur noch ein Kind als Sieger übrig ist.

Erschwerte Spielform:

Das Spiel wird schwerer, wenn man das Tempo des Zählens steigert oder nicht nur eine, sondern zwei oder mehr Zahlen ausläßt.

37. Busfahren

Lernziel: Zahlenkreis bis 10, zuzählen und abziehen

Anzahl der Kinder: 7—11, ungerade Zahl

Spielregel:

Spielen elf Kinder mit, so werden elf Stühle in folgender Ordnung aufgestellt: (bei anderer Kinderzahl entsprechend weniger).

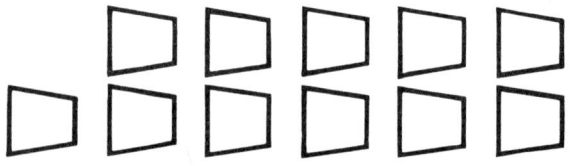

Martin darf der Busfahrer sein. Er setzt sich auf den vorderen einzelnen Stuhl und ruft: „Einsteigen!"

Einige Kinder setzen sich. Der Fahrer steht auf, zählt die eingestiegenen Kinder und sagt: „Sechs Kinder sind eingestiegen." Er setzt sich wieder und „fährt" mit dem Bus ab, indem er Lenken, Gasgeben usw. markiert und Motorengeräusch nachahmt.

Nach einer Weile ruft er: „Haltestelle . . ." Er nennt eine den Kindern bekannte Bushaltestelle.

Einige Kinder stehen auf und steigen aus. Der Fahrer steht auf, zählt und sagt: „Drei Kinder sind ausgestiegen. Drei Kinder sind noch im Bus." Dann ruft er: „Einsteigen!" Einige Kinder steigen ein. Der Fahrer zählt wieder und sagt: „Vier Kinder sind eingestiegen. Drei Kinder waren noch im Bus. Vier Kinder und drei Kinder sind sieben Kinder. Sieben Kinder fahren jetzt im Bus." Dann fährt er zur nächsten Haltestelle weiter. Zählt oder rechnet er an einer Haltestelle falsch, kann er nicht mehr Busfahrer sein. Er darf aber seinen Nachfolger bestimmen und muß dessen Platz einnehmen.

Der neue Fahrer fährt bis zur nächsten Haltestelle und macht es dort wie der erste. Es steigen wieder Kinder aus, werden gezählt, dann steigen wieder Kinder ein, werden wieder gezählt, und es wird festgestellt, wieviel Kinder jetzt mitfahren.

Ruft der Fahrer: „Endhaltestelle!", müssen alle Kinder aussteigen, und es darf zunächst kein neues Kind einsteigen.

Die Stühle werden umgedreht, so daß der Bus nun in entgegengesetzter Richtung fährt. Der Busfahrer trägt seinen Stuhl ans andere Ende der Stuhlreihe und setzt sich wieder. Das Spiel beginnt von vorn. Der Fahrer muß wieder zählen, wieviel Kinder einsteigen usw.

38. Wer steht auf einem anderen Platz?

Lernziel: Ordnungszahlen lernen, Gedächtnisübung
Anzahl der Kinder: 8—20

Spielregel:

Die Kinder stehen oder sitzen in einem Halbkreis. Der Erwachsene sucht fünf Kinder aus, die möglichst unterschiedliche Merkmale haben: Mädchen, Jungen, lange oder kurze Haare, verschiedenartige Kleidung usw. Diese fünf Kinder werden vor dem Halbkreis in einer Reihe hintereinander aufgestellt.
Christina wird aufgefordert, die Kinder und ihre Reihenfolge gut anzuschauen und zu benennen.

Stellung der Kinder:

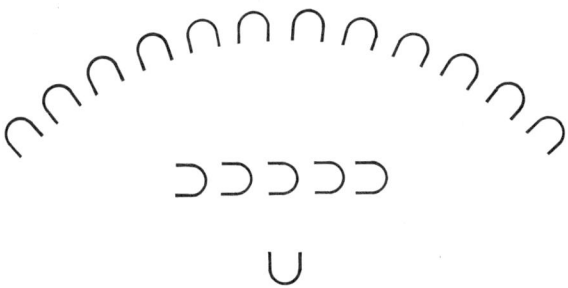

Christina tritt vor die Reihe und sagt: „Martin ist auf dem ersten Platz, Barbara ist auf dem zweiten Platz, Sabine ist auf dem dritten Platz, Thomas ist auf dem vierten Platz und Lukas ist auf dem fünften Platz."
Dann wird Christina hinausgeschickt.
Ein Kind aus dem Halbkreis, Peter, wird aufgefordert, die Reihenfolge der fünf Kinder zu verändern, aber nur durch ein einziges Kind. Peter stellt Sabine an den Anfang. Martin und Barbara müssen etwas zurücktreten.
Christina wird wieder hereingerufen. Sie muß nun erkennen, wie sich die Reihe verändert hat. Sie muß also sagen: „Sabine ist nicht mehr auf dem dritten, sondern auf dem ersten Platz."
Hat sie die Aufgabe richtig gelöst, darf sie das Kind bestimmen, das jetzt hinausgehen soll. Hat sie die Veränderung nicht richtig feststellen können, darf das erste Kind der Fünferreihe, in diesem Fall also Sabine, hinausgehen. Die Reihe der fünf Kinder wird durch andere ersetzt.

Leichtere Spielform:

Mit jüngeren Kindern und solchen, die noch nicht viel Übung haben, spielt man das Spiel nur mit einer Dreierreihe und steigert erst allmählich auf fünf Kinder.

Erschwerte Spielform:

Man verändert die Stellung mehrerer Kinder.

39. Beine zählen

Lernziel: Zahlenkreis bis 10, dazuzählen und abziehen
Anzahl der Kinder: 5—15

Spielregel:

Barbara muß sich vor einem langen Tisch auf die Erde setzen, das Gesicht dem Tisch zugewandt. Sie wird aufgefordert, anzusagen, wieviel Beine sie unter dem Tisch sieht.
Der Erwachsene bittet ein Kind, sich hinter den Tisch zu stellen. Barbara muß sofort ansagen, wieviel Beine sie sieht: „Ich sehe zwei Beine!"

Der Erwachsene ruft ein weiteres Kind oder auch mehrere hinter den Tisch. Jedesmal muß Barbara schnell die Anzahl der Beine ansagen, die sie sieht. Der Erwachsene kann auch ein Kind wieder wegrufen, so daß wieder weniger Beine hinter dem Tisch sind. Ein Kind kann auch von der Seite her nur ein Bein hinter den Tisch stellen, so daß sich eine ungerade Zahl ergibt.

Sobald Barbara eine falsche Anzahl nennt, wird sie von einem anderen Kind abgelöst.

Die Anzahl der Beine darf nicht über 10 hinausgehen.

40. Märchenfiguren

Lernziel: Zuordnen, Gedächtnis
Anzahl der Kinder: 9—25, ungerade Zahl

Spielregel:

Die Kinder werden in zwei Gruppen eingeteilt; eine ist um ein Kind größer. Die Gruppen stehen sich in zwei Reihen gegenüber.

Den Kindern der kürzeren Reihe sagt der Erwachsene je eine Märchenfigur leise ins Ohr, also etwa dem ersten Kind „Hänsel", dem zweiten „Dornröschen", dem dritten „Frau Holle" usw. Dann sagt er jedem Kind der längeren Reihe eine dazugehörige Figur, aber in anderer Reihenfolge, also etwa dem ersten Kind „Goldmarie", dem zweiten „Gretel", dem dritten „Böse Fee" usw. Da diese Reihe um ein Kind größer ist, muß eine weitere Märchenfigur genannt werden, die in der ersten Reihe kein Gegenüber hat. Jedes Kind muß sich die ihm genannte Figur gut merken.

Nun sagt das erste Kind der kürzeren Reihe seine Figur an: „Hänsel". Sofort muß das Kind der längeren Reihe, das „Gretel" hat, sagen: „Hänsel und Gretel!" Es muß zur gegenüberliegenden

Reihe laufen und sich hinter „Hänsel" stellen. Dann sagt das zweite Kind der kürzeren Reihe seine Figur an und bekommt seinen Partner usw. Finden nicht gleich alle Kinder ihre entsprechende Figur, so gibt es einen oder mehrere weitere Durchgänge. Zuletzt bleibt das Kind der längeren Reihe übrig, das keinen Partner finden kann, weil die andere Reihe kürzer ist. Es darf beim Wechsel der Reihen nicht auf die andere Seite.

Bis auf dieses Kind, das sich auf einen anderen Platz der gleichen Seite stellen muß, tauschen die Reihen ihre Stellung. Das Spiel beginnt mit neuen Märchenfiguren.

Das übriggebliebene Kind muß beim zweiten Spiel eine Märchenfigur bekommen, die auf der Gegenseite einen Partner hat.

Märchenfiguren:

Hänsel — Gretel,
Schneeweißchen — Rosenrot,
Der Froschkönig — der Eiserne Heinrich,
Aschenputtel — die Täubchen,
Die sieben Geißlein — der Wolf,
Der Arme — der Reiche,
Jorinde — Joringel,
Frieder — Katherlieschen,
Dornröschen — die böse Fee,
Der Fischer — seine Frau,
Schneewittchen — die sieben Zwerge,
Rapunzel — der Königssohn,
Hühnchen — Hähnchen,
Hans im Glück — der Scherenschleifer,
Der Bauer — der Teufel,
Die Bremer Stadtmusikanten — die Räuber,
Der Gestiefelte Kater — der Müllerbursch,
Brüderchen — Schwesterchen,
Rumpelstilzchen — die Königin,

Frau Holle — die Goldmarie,
Der Hase — der Igel,
Das tapfere Schneiderlein — der Riese.
Die sieben Raben — das Schwesterlein,
Die Gänsehirtin — der Graf,
Daumesdick — die Diebe,
Die Gänsemagd — Kürdchen,
Die kluge Bauerntochter — der Vater,
Tischlein deck dich — Goldesel,
König Drosselbart — die Königstochter,
Die zwölf Königstöchter — die zwölf Prinzen,
Doktor Allwissend — seine Frau Grete.

41. Rhythmisches Zählen

Lernziel: Konzentration, rhythmische Schulung
Anzahl der Kinder: 5—15

Spielregel:

Alle Kinder sitzen an Tischen. Sie klopfen leicht mit der flachen Hand auf die Tischplatte und sprechen bei jedem Schlag eine Zahl: 1 - 2 - 3 - 4. Das wird ohne Pause zwischen der 4 und der neuen 1 so lange wiederholt, bis alle Kinder gleichmäßig klopfen und zählen. Dann betont der Erwachsene durch einen kräftigeren Schlag jeweils die 1 und fordert die Kinder auf, es ihm nachzumachen. Der erste Zähler wird betont geklopft, die übrigen drei leiser. Man kann den ersten Zähler dann noch durch Aufstampfen mit dem Fuß verstärken. Ist kein Tisch vorhanden, spielt man im Stehen mit Klatschen und Stampfen.

Andere Spielform:

Der betonte Zähler wird mit der Faust, die übrigen werden mit der flachen Hand geschlagen. Oder man klopft auf 1 mit der flachen Hand, bei den übrigen Zählern mit den Fingerspitzen. Oder man klatscht in die Hände und klopft auf die Oberschenkel.

Erschwerte Spielform:

Bei 1 und 3 wird laut, bei 2 und 4 leise geklopft oder geklatscht.

Weitere Spielformen:

Die Kinder werden in zwei Gruppen geteilt. Eine Gruppe klatscht oder klopft ohne besondere Betonung, die andere klatscht nur den ersten oder den ersten und dritten Zähler.

Dasselbe Spiel kann auch mit der Zahlenreihe bis 3 oder bis 6 geübt werden. Die betonten Zähler liegen dann entweder nur bei 1 oder bei 1, 3 und 5 oder bei 1 und 4.

Man kann sich viele Formen ausdenken: Die Kinder in Gruppen einteilen, abwechselnd eine Gruppe klatschen, die andere stampfen oder klopfen lassen, oder eine Zahlenreihe von einer und sofort anschließend eine Zahlenreihe von der zweiten Gruppe ausführen lassen usw.

Das Spiel wird schwerer, wenn die Kinder zuerst nur noch leise, dann gar nicht mehr mitzählen. Statt dessen können sie bei den betonten Zählern einen Ton singen, etwa auf „la". Später kann das „la" in zwei Tonhöhen, etwa in der Kukkucksterz, abwechselnd gesungen werden. Für geübtere Kinder können noch viele weitere Möglichkeiten gefunden werden, z. B. die Ergänzung durch Geräusch- oder Schlaginstrumente.

Bei allen Spielformen kommt nach einer Zeit der Einübung die Konzentration auf das Schlußzeichen hinzu. Der Erwachsene (oder ein Kind) gibt das Zeichen durch Heben der Arme und Abwinken. Wer nicht mit dem gleichen Schlag aufhört, gibt ein Pfand oder scheidet aus. Wer zuletzt noch übrig ist, hat gewonnen.

42. Märchenraten

Lernziel: Sprachentwicklung, Gedächtnisübung
Anzahl der Kinder: 5—20

Spielregel:
Die Kinder sitzen im Kreis. Ulrike wird hinausgeschickt. Die übrigen beraten, welches Märchen Ulrike raten soll. Sie einigen sich vielleicht auf „Hänsel und Gretel".
Ulrike wird wieder hereingerufen. Sie tritt vor das erste Kind im Kreis. Das Kind sagt: „In unserem Märchen gibt es zwei Kinder." Ulrike geht zum zweiten Kind. Das sagt: „Eines der beiden Kinder ist ein Junge, das andere ein Mädchen." Ulrike geht weiter. Das nächste Kind sagt: „Die Kinder gehen in den Wald." Ulrike überlegt und geht weiter zum nächsten Kind. Das sagt: „Der Junge sammelt Steine." Hat Ulrike das Märchen noch nicht erraten, sagt das nächste Kind vielleicht: „Die Kinder kommen zu einer Hexe."

Das Kind, bei dessen Aussage Ulrike das Märchen „Hänsel und Gretel" errät, darf beim nächsten Spiel hinausgehen und raten. Ulrike setzt sich auf den Platz dieses Kindes.
Es wird ein neues Märchen ausgedacht, etwa „Dornröschen". Das Kind, das jetzt raten soll, fängt bei Ulrike an und geht im Kreis weiter. Die Kinder sagen nacheinander etwa: „In unserem Märchen wird ein Königskind geboren." — „Die Eltern feiern ein großes Fest." — „Als das Königskind 15 Jahre alt ist, steigt es auf einen Turm." — „Das Königskind sticht sich und schläft ein." usw. Die Märchen müssen den Kindern gut bekannt sein. Die Reihenfolge der Aussagen muß nicht unbedingt eingehalten werden, aber es müssen charakteristische Aussagen gemacht werden. Es muß darauf geachtet werden, daß die Kinder in ganzen Sätzen sprechen.

43. Wieviel Teile hat mein Name?

Lernziel: Sprachbildung, Konzentration
Anzahl der Kinder: 5—10
Spielregel:
Die Kinder sitzen oder stehen im Kreis. Der Erwachsene singt in einer Rufterz auf „la-la" den zweisilbigen Namen eines Kindes (Peter, Thomas, Martin). Er fragt: „Wen habe ich jetzt gerufen?" Die Kinder mit zweisilbigen Namen kommen in die Mitte und singen nacheinander ihre Namen ebenfalls in der Rufterz. Sie werden dann aufgefordert, so viele Finger zu zeigen, wie ihre Namen „Teile" haben. Später kann man auch von Silben sprechen.
Dann singt der Erwachsene einen drei- oder vierteiligen Namen, indem er die betonten Silben des Namens im höheren, die unbetonten im tieferen Ton der Rufterz singt. (*La*-la-la = Barbara, La-*la*-la = Sabine, La-*la*-la-la = Elisabeth. Die kursiv gedruckten Silben werden im höhen, die anderen im tiefen Ton gesungen.) Nun fordert der Erwachsene die Kinder auf, sich immer so zusammenzustellen, daß ihre Namen zusammen fünf (oder vier oder sechs usw.) Teile ergeben. Es können sich also zusammenstellen: Frank, Peter und Thomas oder Barbara und Martin oder Michael und Petra usw. Die Kinder der einzelnen Gruppen fassen sich an, tanzen und singen dazu nach der Melodie „Die Tiroler sind lustig":
„Wir Kinder sind lustig, wir Kinder sind froh.
Unsre Namen, die haben fünf Silben, oho!"
Bleibt ein Kind oder bleiben mehrere Kinder bei der Gruppenbildung übrig, weil ihre Namen zusammen nicht mehr die gewünschte Anzahl Silben ergeben, so klatschen sie zum Tanz der anderen.

44. Wörterkette

Lernziel: Gedächtnisübung, Konzentration, Sprachbildung
Anzahl der Kinder: 5—15

Spielregel:
Die Kinder sitzen in einer langen Reihe. Das erste Kind, Barbara, nennt einen Gegenstand. Sie sagt etwa: „Der Tisch". Das zweite Kind der Reihe wiederholt das Wort laut und deutlich, dann das dritte Kind usw., bis die ganze Reihe das Wort wiederholt hat. Hat das letzte Kind, Thomas, das Wort gesagt, geht es an den Anfang der Reihe, ist also jetzt erstes Kind. Alle Kinder rücken schnell einen Stuhl weiter, so daß der erste Platz für Thomas frei wird.

Nun ist Barbara zweites Kind. Thomas wiederholt jetzt das Wort noch einmal und fügt ihm ein zweites hinzu. Er sagt also etwa: „Der Tisch und das Buch". Nun wiederholt Barbara beide Wörter, dann das dritte Kind usw. Hat das letzte Kind beide Wörter gesagt, geht es an den Anfang der Reihe, und alle Kinder rücken wieder einen Platz weiter. Das neue Kind am Anfang wiederholt nun noch einmal beide Wörter und fügt ein drittes hinzu: „Der Tisch und das Buch und die Puppe". Alle Kinder wiederholen die Wörter, und jedes an den Anfang kommende Kind fügt der Wörterkette ein neues Wort hinzu. Jeder Durchgang wird daher schwerer.

Wer nicht alle Wörter der Kette in der richtigen Reihenfolge wiederholen kann, scheidet aus. Ein Stuhl wird weggenommen und für das ausscheidende Kind auf die andere Seite gestellt. Die Reihe der Kinder wird also immer kleiner, je mehr die Wörterkette wächst. Wer die längste Wörterkette fehlerlos sagen kann, hat gewonnen.

45. Gegensätze

Lernziel: Begriffsbildung und Zuordnung, Sprachentwicklung
Anzahl der Kinder: 5—25

Spielregel:
Die Kinder stehen oder sitzen im Kreis. Eisabeth geht in die Mitte. Eine Papiertüte wird ihr über den Kopf gezogen, damit sie nichts mehr sehen kann. Sie streckt einen Arm wie einen Zeiger waagrecht von sich. Sie dreht sich mit ausgestrecktem Arm um sich selbst, während die anderen Kinder langsam bis 3 zählen. Bei 3 bleibt Elisabeth stehen. Ihr ausgestreckter Arm zeigt auf ein Kind des Kreises. Elisabeth nennt ein Eigenschaftswort, z. B. „groß". Das Kind, auf das Elisabeth gezeigt hat — es ist Martin — muß schnell antworten. Martin muß das Gegenteil von „groß" finden, also „klein". Weiß er das entsprechende Adjektiv nicht sofort, zählen die Kinder wieder bis 3. Kann er es dann noch nicht nennen, muß er ein Pfand geben, und Elisabeth darf sich noch einmal drehen und einem anderen Kind ein neues Eigenschaftswort nennen. Hat Martin aber das richtige Wort gewußt, darf er Elisabeth ablösen. Elisabeth geht in den Kreis zurück.

Erschwerte Spielform:
Das Spiel wird schwerer, wenn Elisabeth nicht nur eine Eigenschaft, sondern auch den Träger dieser Eigenschaft nennen muß. Sie sagt also etwa: „Das Pferd ist groß." Dann muß Martin auch ein gegensätzliches Tier nennen, also etwa: „Die Maus ist klein."
Noch schwerer wird das Spiel, wenn Elisabeth nur zwei gegensätzliche Eigenschaften nennen

muß: „Groß und klein." Martin muß dann etwa antworten: „Das Pferd ist groß, die Maus ist klein."

Dinge, die gegensätzliche Eigenschaften haben und dem Kind bekannt sind:

Zucker ist süß — Essig ist sauer,

Orange ist süß — Zitrone ist sauer,

Bauklotz ist eckig — Ball ist rund,

Berg ist hoch — Tal ist tief,

Straße ist breit — Weg ist schmal,

Buch ist dick — Heft ist dünn,

Bleistift ist lang — Radiergummi ist kurz,

Baum ist hoch — Strauch ist niedrig,

Rose ist groß — Veilchen ist klein,

Haus ist hoch — Schuppen ist niedrig,

Schnee ist weiß — Ruß ist schwarz,

Faden ist lang — Perle ist kurz,

Milch ist flüssig — Fleisch ist fest,

Stein ist hart — Lehm ist weich,

Baustein ist dick — Legetafel ist dünn,

Karton ist dick — Papier ist dünn,

Elefant ist groß — Hase ist klein,

Vater ist groß — Kind ist klein,

Eis ist kalt — Feuer ist heiß,

Fußboden ist hart — Bett ist weich,

Heizung ist warm — Kühlschrank ist kalt,

Sonne ist warm — Wind ist kühl.

Der Erwachsene soll nicht vorgreifen, sondern nach Möglichkeit die Kinder selbst die entsprechenden Wörter finden lassen.

46. Das Stühlespiel

Lernziel: Zahlenkreis bis 10, erstes Rechnen
Anzahl der Kinder: 5—10

Spielregel:

Bei zehn Kindern werden neun Stühle so in einem Kreis aufgestellt, daß ihre Lehnen nach innen, die Sitzflächen nach außen stehen. (Es wird jeweils ein Stuhl weniger aufgestellt, als Kinder mitspielen.)

Ein Kind zählt die Kinder. Das zählende Kind darf sich selbst nicht vergessen. Nun zählt ein anderes Kind die Stühle und stellt fest, daß ein Stuhl weniger im Kreis steht, als Kinder mitspielen.

Die Kinder marschieren im Kreis um die Stühle herum. Sie singen dazu ein Lied. Wenn der Erwachsene ein vereinbartes Pfeif- oder Klatschzeichen gibt, suchen alle Kinder einen Platz. Ein Kind findet keinen Platz. Die Kinder stellen fest, daß 9 Kinder, die sitzen, und 1 Kind, das steht, zusammen 10 Kinder ergeben. (Oder 8+1 oder 7+1 usw., je nachdem, wieviel Kinder mitspielen.)

Ein Stuhl wird weggenommen. Alle Kinder marschieren wieder zu einem Lied bis zum Zeichen des Erwachsenen. Nun finden 2 Kinder keinen Platz. Die Kinder müssen rechnen, daß 8+2=10 ist. Wieder wird ein Stuhl weggenommen, und die Kinder gehen um den kleiner gewordenen Stuhlkreis usw. Wer zuletzt den einzigen Stuhl erobern kann, hat gewonnen.

Man muß darauf achten, daß der Kreis, in dem die Kinder marschieren, auch bei wenig Stühlen nicht kleiner wird, damit kein „Gedränge" entsteht.

Erschwerte Spielform:

Das Spiel wird schwerer, wenn die Anzahl der Stühle nicht regelmäßig um einen verringert wird, sondern wenn man variiert, also einmal vielleicht 7, dann 4 Stühle aufstellt usw. Bei der letzten Runde darf aber immer nur ein Stuhl vorhanden sein, damit zuletzt ein Kind gewinnen kann.

47. Was gehört zusammen?

Lernziel: Begriffsbildung, Zuordnung, Gedächtnis
Anzahl der Kinder: 11—25, ungerade Zahl

Spielregel:

Zwei Gruppen von Kindern stehen einander in zwei Reihen gegenüber. Die erste Reihe ist um ein Kind größer.
Der Erwachsene sagt jedem Kind der längeren Reihe leise den Namen eines Gegenstandes, der eine charakteristische Eigenschaft hat und den Kindern gut bekannt ist, z. B. Honig, Regen usw. Die Kinder müssen sich ihr Wort gut merken.
Nun nennt der Erwachsene jedem Kind der kürzeren Reihe die charakteristische Eigenschaft der vorher genannten Dinge, aber in anderer Reihenfolge (naß, süß). Da diese Reihe um ein Kind kleiner ist, kann eine Eigenschaft nicht vergeben werden. Auch die Kinder der zweiten Reihe müssen sich das Wort, das ihnen genannt wurde, gut merken.
Nun nennen die Kinder der ersten Reihe nacheinander laut ihr Wort. Die zweite Reihe muß dabei gut aufpassen.
Dann beginnt die zweite, kürzere Reihe. Das erste Kind, Barbara, nennt sein Eigenschaftswort: naß. Sie fügt hinzu: „Der Regen ist naß." Wenn sie gut aufgepaßt hat, weiß sie noch, welches Kind der ersten Reihe das Wort Regen hat. Sie läuft zu ihm und stellt sich hinter dieses Kind. Nun kommt das zweite Kind der zweiten Reihe dran. Es ist Martin. Er sagt: „Der Honig ist süß." Aber er weiß nicht mehr, welches Kind der anderen Seite das Wort Honig hat. Er muß darum der Reihe nach zu allen Kindern der ersten Reihe, hinter denen noch kein Kind steht, gehen und jedesmal fragen: „Hast du Honig?" Die Kinder verneinen, bis er zum richtigen Kind kommt. Er stellt sich dahinter. Das nächste Kind der kurzen Reihe kommt dran.
Zuletzt haben alle Kinder ihren Partner gefunden, aber ein Kind der ersten Reihe, Susanne, ist übriggeblieben.
Die Kinder der ersten Reihe mit Ausnahme von Susanne gehen nun auf die Plätze der zweiten Reihe. Die hinter ihnen stehenden Kinder und Susanne bilden die erste Reihe. Sie bekommen neue Wörter. Das Spiel wird wiederholt.
Der Erwachsene muß beim Verteilen der Wörter darauf achten, daß nicht wieder Susanne übrigbleibt.

Andere Spielformen:

Statt Eigenschaften werden der zweiten Reihe charakteristische Farben der genannten Gegenstände gesagt, z. B.: Schnee - weiß.
Man kann das Spiel auch so spielen, daß jeweils zusammengehörige Dinge genannt werden, z. B. Messer und Gabel, Nadel und Faden usw. Die Kinder der kürzeren Reihe sagen dann etwa: „Messer und Gabel gehören zusammen", wenn sie zu ihrem Partner laufen.
Ebenso kann das Spiel mit zwei gegensätzlichen Eigenschaften gespielt werden: dick und dünn,

süß und sauer usw. Dann sagt das Kind der kürzeren Reihe, das zu seinem Partner läuft: „Dick ist das Gegenteil von dünn."

Charakteristische Eigenschaften:

Zitrone — sauer,
Essig — sauer,
Zucker — süß,
Bonbon — süß,
Wasser — naß,
Licht — hell,
Tag — hell,
Nacht — dunkel,
Schatten — dunkel,
Berg — hoch,
Turm — hoch,
Kreis — rund,
Ball — rund,
Würfel — eckig,
Faden — lang,
Regen — naß,

Schnee — weich,
Badewasser — warm,
Teewasser — heiß,
Sonne — heiß,
Schatten — kühl,
Großvater — alt,
Baby — klein,
Riese — groß,
Zwerg — klein,
Kissen — weich,
Stein — hart,
Nadel — spitz,
Feder — leicht,
Glas — durchsichtig,
Fenster — durchsichtig,
Luftballon — rund.

Eine Eigenschaft oder Farbe darf in einem Durchgang nur einmal vorkommen, also z. B. nur ein Ding, das sauer, nur eins, das durchsichtig, nur eins, das blau ist, usw.

Charakteristische Farben:

Wiese — grün,
Wald — grün,
Gras — grün,
Tanne — dunkelgrün,
Wolke — grau,
Himmel — hellblau,
Kirsche — rot,

Erdbeere — rot,
Himbeere — rot,
Heidelbeere — blau,
Pflaume — violett,
Zitrone — gelb,
Apfelsine — orange,
Banane — hellgelb,

Kastanie — braun,
Nuß — braun,
Tomate — rot,
Stroh — gelb,
Kohle — schwarz,
Milch — weiß,
Blut — rot,
Schnee — weiß,
Veilchen — blau,
Maiglöckchen — weiß,
Löwenzahn — gelb,
Mohn — rot,
Kornblume — blau,
Vergißmeinnicht — blau,
Flieder — violett,

Heckenrose — rosa,
Maus — grau,
Elefant — grau,
Esel — grau,
Frosch — grün,
Reh — braun,
Hase — braun,
Schwein — rosa,
Kaminfeger — schwarz,
Bäcker — weiß,
Feuerwehr — rot,
Postauto — gelb,
Briefkasten — gelb,
Ring — golden,
Löffel — silbern.

Zusammengehörige Dinge:

Topf — Deckel,
Nadel — Faden,
Schlüssel — Schloß,
Briefbogen — Briefumschlag,
Steckdose — Stecker,
Hammer — Zange,
Streichholz — Schachtel,
Mantel — Mütze,
Strumpf — Schuh,
Geige — Bogen,
Trommel — Schlegel,
Triangel — Schlegel,
Tisch — Stuhl,
Steckbrett — Stecker,
Faden — Perle,
Malbuch — Farbstifte,
Tasse — Untertasse,
Zahnbürste — Zahnpasta,

Mann — Frau,
Herr — Dame,
Vater — Mutter,
Bruder — Schwester,
Großvater – Großmutter
Onkel — Tante,
Junge — Mädchen,
Tag — Nacht,
Sonne — Mond,
Blitz — Donner,
Sonntag — Werktag,
Huhn — Hahn,
Wagen — Fahrer,
Mühle — Müller,
Wald — Förster,
Schule — Lehrer,
Schiff — Matrose,
Angel — Angler.

Gegensätzliche Eigenschaften:

groß — klein,	laut — leise,	heiß — kalt,	spitz — stumpf,
weit — eng,	rund — eckig,	reif — unreif,	sauber — schmutzig,
lang — kurz,	glatt — rauh,	fröhlich — traurig,	einfarbig — gemustert,
breit — schmal,	schön — häßlich,	gut — böse,	einfarbig — bunt,
gerade — krumm,	dunkel — hell,	gut — schlecht,	fein — grob,
alt — jung,	schwarz — weiß,	hart — weich,	neu — alt,
trocken — naß,	wild — zahm,	roh — gekocht,	dick — dünn.
hoch — tief,	teuer — billig,	nackt — angezogen,	
fest — locker,	warm — kalt,	ruhig — unruhig,	

TEIL II

SPIELE MIT VORHANDENEM MATERIAL UND
MIT KURZER VORBEREITUNGSZEIT

48. Einfarbiges Steckbrett

Lernziel: Farbkenntnisse
Material: Dem Alter der Kinder entsprechend Steckbretter mit 25, 81 oder 100 Löchern und entsprechende Steckwalzen; Materialschalen

Anzahl der Kinder: 2—10
Vorbereitung: Bereitstellen der entsprechenden Anzahl Steckbretter und Materialschalen mit Steckern

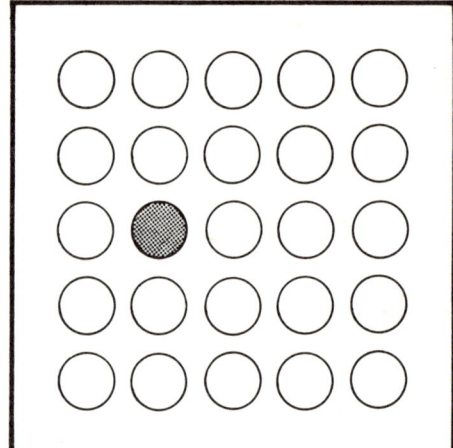

Spielregel:
Jedes Kind bekommt ein Steckbrett und eine Schale mit Steckwalzen. (Jüngere Kinder bekommen Bretter mit 25 Löchern.) Der Erwachsene sagt jedem Kind eine Farbe und fordert es auf, einen Stecker in dieser Farbe herauszusuchen. Das Kind sucht den Stecker und sagt dazu: „Ich habe einen roten (blauen, gelben, grünen) Stecker." Haben alle Kinder ihre Farbe gefunden, dürfen sie den Stecker irgendwo in ihrem Steckbrett einsetzen. Dann gibt der Erwachsene ein Zeichen zum Anfang. Alle Kinder müssen nun viele Stecker ihrer Farbe aus ihrer Schale heraussuchen und sie auf ihrem Steckbrett einsetzen. Sie müssen sich beeilen, denn wer sein Steckbrett zuerst fehlerfrei vollgesteckt hat, ist Sieger.

Andere Spielform:
Man führt das Spiel als Gruppenwettspiel durch. Man teilt die Kinder in zwei Gruppen ein und setzt je eine Gruppe an einen Tisch. Dann spielt man nach derselben Spielregel, aber die Kinder, die zuerst fertig sind, dürfen den ungeschickteren ihrer Gruppe helfen. Gewonnen hat die Gruppe, die zuerst fertig ist.

49. Buntes Steckbrett

Lernziel: Farben kennenlernen, Konzentration

Material: Steckbretter und bunte Steckwalzen (für jüngere Kinder Steckbretter mit 25 Löchern und große Stecker, für ältere solche mit 81 oder 100 Löchern und kleine Stecker); Materialschalen

Anzahl der Kinder: 2—10

Vorbereitung: Bereithalten der entsprechenden Anzahl Steckbretter und der gleichen Anzahl Materialschalen mit entsprechenden bunten Steckern

Spielregel:

Jedes Kind bekommt ein Steckbrett und eine Materialschale voll verschiedenfarbiger Stecker. Der Erwachsene sagt: „Sucht einen roten Stecker!"

Die Kinder suchen einen roten Stecker heraus und stecken ihn in der ersten Reihe ihres Steckbretts in das erste Loch links. Jüngeren Kindern hilft der Erwachsene dabei. Dann läßt er einen blauen Stecker heraussuchen und in der zweiten Reihe in das erste Loch links stecken. Danach kommt ein gelber Stecker und dann ein grüner Stecker, so daß nun vier Stecker untereinander im Steckbrett eingesetzt sind. Für jüngere Kinder genügt das (obere Zeichnung). Ältere und geübtere Kinder können die ersten Löcher sämtlicher Reihen ihres Steckbretts weiter besetzen, und zwar die Farben in der gleichen Reihenfolge rot — blau — gelb — grün wiederholen (untere Zeichnung).

Haben die Kinder die ersten Löcher ihres Steckbretts richtig besetzt, dann fordert der Erwachsene die Kinder auf, jeweils die ganze Reihe des Steckbretts mit den angefangenen Farben zu besetzen, also die erste Reihe rot, die zweite blau usw. Auf ein vereinbartes Zeichen des Erwachsenen (Klatschen, Glockenzeichen, Armheben) fangen die Kinder an. Wer zuerst seine Reihen bzw. sein Brettchen richtig vollgesteckt hat, ist Sieger.

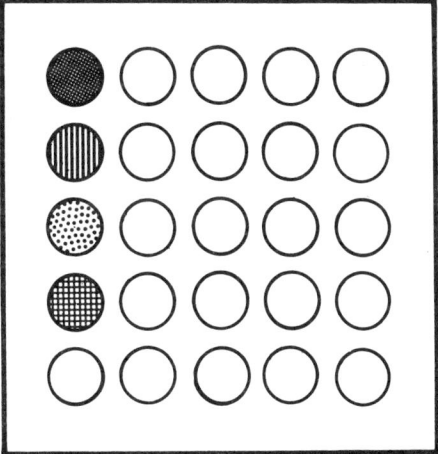

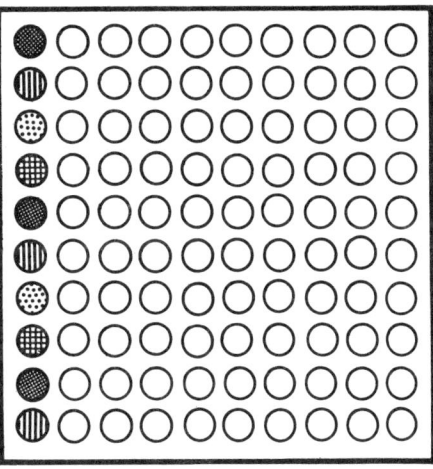

50. Unten oder oben?

Lernziel: Räumliche Beziehungen
Material: Münze, kleine Kugel oder einige Bonbons

Anzahl der Kinder: 3—10
Vorbereitung: Material bereithalten

Spielregel:

Martin bekommt einen kleinen Gegenstand, eine Münze oder eine Kugel. Er hält beide Hände auf dem Rücken und versteckt den Gegenstand in einer Faust. Dann zieht er beide Fäuste nach vorn und stellt sie geschlossen übereinander auf. Er fragt ein Kind: „Unten oder oben?"
Das Kind muß nun raten, ob sich der Gegenstand in der unteren oder oberen Faust befindet. Rät das Kind richtig, darf es bei der nächsten Spielrunde den Gegenstand verstecken. Rät es falsch, versteckt Martin noch einmal.
Bei besonderen Gelegenheiten oder zum Anreiz kann man statt einer Münze oder Kugel auch eine kleine Süßigkeit verstecken, die das Kind, das richtig geraten hat, behalten darf. Hat es falsch geraten, wird sie noch einmal versteckt.

51. Schnellketten

Lernziel: Geschicklichkeit
Material: Perlen, Kettenschnüre

Anzahl der Kinder: 2—20
Vorbereitung: Für jedes Kind wird eine Materialschale mit der gleichen Anzahl Perlen und einer Schnur vorbereitet.

Spielregel:

Jedes Kind bekommt eine Schale mit Perlen und eine Schnur. Der Erwachsene gibt das Zeichen zum Beginn. Die Kinder fädeln die Perlen so schnell wie möglich auf, ohne daß sie auf Farbzusammenstellung achten müssen. Heruntergefallene Perlen müssen aufgehoben und auch aufgefädelt werden.
Wer zuerst alle Perlen aufgefädelt hat, hat gewonnen.

Erschwerte Spielform:

Das Spiel wird schwerer, wenn die Kinder die Perlen nach Farben ordnen sollen, also zuerst eine, dann die andere Farbe auffädeln müssen, wobei die Reihenfolge der Farben ihnen überlassen bleiben kann.
Noch schwerer wird das Spiel, wenn sie sich an eine bestimmte zu wiederholende Reihenfolge der Farben halten müssen.

52. Bunte Reihe

Lernziel: Farbkenntnisse
Material: Quadratische Legetafeln, Farbtafel

Anzahl der Kinder: 3—10
Vorbereitung: Man teilt ein postkartengroßes Stück Karton in vier gleiche Teile und malt jeden Teil in einer der vier Grundfarben — rot, blau, gelb, grün — an. Man kann auch vier Buntpapierstreifen aufkleben. Man versieht die Karte mit einem Faden zum Aufhängen. Für jedes Kind wird eine Materialschale mit 6 bis 12 quadratischen Legetafeln verschiedener Farben vorbereitet. Die Anzahl der Legetafeln richtet sich nach der Zahl der Mitspieler. Spielen wenig Kinder mit, dürfen es mehr Legetafeln sein als bei einer großen Anzahl von Kindern.

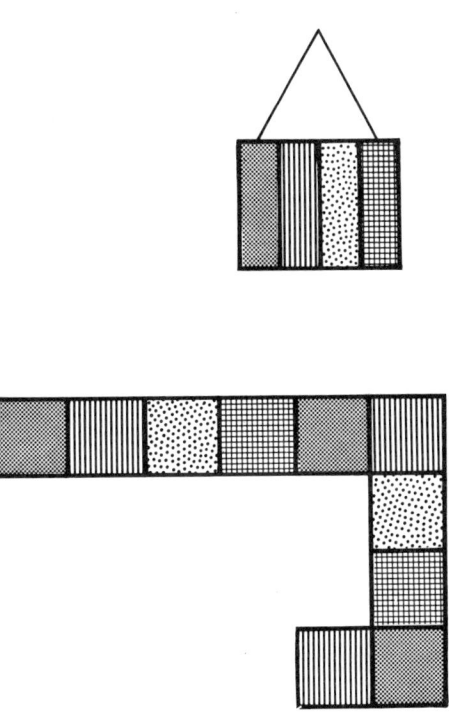

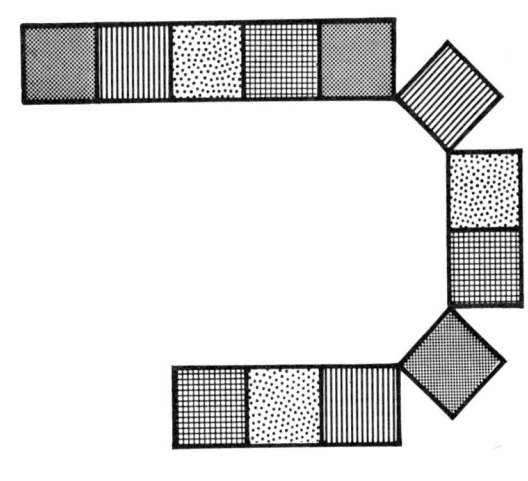

Spielregel:

Die Farbkarte wird für alle Kinder gut sichtbar an der Wand aufgehängt.

Die Kinder sitzen um einen großen Tisch. Jedes Kind bekommt eine Materialschale mit Legetafeln. Die Farben der Legetafeln müssen im Gesamtspiel gleich oft vertreten sein, aber jedes Kind soll nur die gleiche Anzahl Legetafeln, nicht aber auch die gleiche Anzahl der einzelnen Farben haben. Die Reihenfolge der Farben ist durch die Farbkarte festgelegt und bleibt durch das ganze Spiel konstant.

Das erste Kind legt eine rote Legetafel in die Mitte des Tisches. Das zweite fügt eine blaue hinzu, das dritte eine gelbe usw. Es entsteht eine lange bunte Reihe. Nach grün kommt wieder rot — blau — und so fort. Erreicht die Reihe die Kante des Tisches, müssen Ecken oder Bogen gebildet werden, damit die Reihe in entgegengesetzter Richtung fortgesetzt werden kann.

Hat ein Kind die Farbe nicht mehr, die für die richtige Fortsetzung der Reihe notwendig ist, setzt es eine Runde aus.

Wer zuerst alle Legetafeln ansetzen konnte, hat das Spiel gewonnen.

Andere Spielform:

Statt Legetafeln kann man auch würfelförmige Bausteine nehmen.

53. Selbstgemachtes Puzzle

Lernziel: Beobachten und erkennen, Gedächtnis, Sprachentwicklung
Material: Bildpostkarten, Kinderscheren

Anzahl der Kinder: 2—12
Vorbereitung: Der Erwachsene teilt Postkarten mit kindlichen Motiven auf der Rückseite durch einen deutlich erkennbaren Längs- und Querstrich in vier Teile. Bei beschriebenen Karten nimmt man einen Buntstift, damit das Kind die Linien besser erkennt.

Spielregel:
Jedes Kind bekommt eine Karte und eine Schere. Die Kinder sehen sich die Bilder gut an und erzählen der Reihe nach, was sie auf ihrem Bild sehen: Auf meinem Bild sind ein Hund und eine Katze. — Auf meinem Bild sehe ich ein Kind mit einem Luftballon. — Usw. Dann drehen die Kinder die Karte um und zerschneiden sie auf den vorgezeichneten Linien. Handelt es sich um beschriebene Karten, dann kann man die Kinder die möglichst farbig aufgezeichneten Linien zuerst mit dem Finger zeigen lassen, damit sie sich ihnen gut einprägen. Da dieses Spiel schon mit Dreijährigen gespielt werden kann, muß der Erwachsene beim Zerschneiden möglicherweise helfen. Nach dem Ausschneiden werden die Scheren eingesammelt. Nun werden die Kinder aufgefordert, ihr Bild wieder zusammenzusetzen. Wer es zuerst zusammengesetzt hat, ist Sieger.

Erschwerte Spielformen:
Die Karte wird nicht in vier, sondern in acht gleiche Teile zerlegt. Noch schwerer wird das Spiel, wenn man die Karte in acht Dreiecke oder in verschiedene geometrische Formen zerlegt.

Am schwierigsten wird das Zerschneiden und Zusammensetzen, wenn man die Karte in unregelmäßige Teile zerlegt.

Andere Spielform:
Bei der Vorbereitung der Karten wird jeder einzelne Teil eines Bildes auf der Rückseite mit einem kleinen farbigen Zeichen versehen, also etwa mit einem roten Strich oder einem blauen Kreuz oder einem schwarzen Kreis. Diese Zeichen sollen den Kindern später helfen, im Notfall die Einzelteile ihrer Karte wieder zusammenzufinden. Nach dem Zerschneiden der Karten werden alle Einzelteile sämtlicher Bilder in die Mitte des Tisches gelegt und gut gemischt. Die Kinder müssen nun nach dem Gedächtnis ihre Teile wieder aus der großen Menge heraussuchen und zusammensetzen. Finden sie ihre Teile nicht, dürfen sie die Einzelteile umdrehen und nach dem Zeichen sehen.

Diese Form kann auch als Gruppenwettspiel gespielt werden. Die Kinder sitzen dann an zwei Tischen. Wer sein Bild fertig zusammengesetzt hat, darf den Kindern seines Tisches helfen, die noch nicht fertig sind. Gewonnen hat die Gruppe, die ihre sämtlichen Bilder zuerst zusammengesetzt hat.

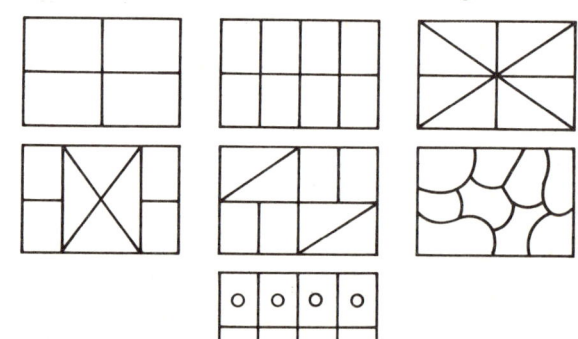

54. Knopfschachtel aufräumen

Lernziel: Zuordnen, Begriffsbildung
Material: Knöpfe, kleine Steine, Erbsen, Bohnen, Kugeln, Perlen usw., Materialschalen

Anzahl der Kinder: 2—12
Vorbereitung: Für jedes mitspielende Kind wird eine Materialschale mit der gleichen Anzahl Knöpfe — etwa 12 bis 15 Stück — vorbereitet. Es sollen möglichst verschiedenartige Knöpfe sein. Außerdem kommt in jede Schale eine Anzahl anderer Dinge wie Steinchen, Erbsen, Bohnen, Perlen, Ringe, Geldstücke usw. Jedes Kind muß die gleiche Gesamtanzahl, aber nicht die gleiche Zusammensetzung haben.

Spielregel:
Jedes Kind bekommt eine vorbereitete Materialschale. Die Kinder werden aufgefordert, die „Knopfschachtel aufzuräumen", das heißt, alles herauszusuchen, was nicht hineingehört.
Wer die Aufgabe richtig gelöst hat und zuerst fertig ist, hat gewonnen.

55. Nähkasten aufräumen

Lernziel: Zuordnen, Begriffsbildung
Material: Große flache Schachtel oder Schachteldeckel, Nähzeug der verschiedensten Art, einige andere kleine Gegenstände wie Nägel, Schrauben, Wandhaken, Büchsenöffner, Nagelschere, Geldstücke, Bleistifte, Buntstifte, Eierlöffel usw.

Anzahl der Kinder: 2—6
Vorbereitung: Ein „Nähkasten" wird vorbereitet: In eine große flache Schachtel oder einen Schachteldeckel legt man möglichst vierlei Dinge, die man zum Nähen braucht: Schere, Garnrollen, Nähseiden, Zentimetermaß, Nadelkissen mit Nadeln, Fingerhüte, Schneiderkreide, Stopfpilz oder Stopfei, Stopftwist usw. Außerdem kommt in die Schachtel, unter die anderen Dinge verteilt, eine Reihe kleiner Gegenstände, die nicht zum Nähen gebraucht werden (wie oben angegeben). Alle Sachen müssen gut sichtbar angeordnet sein.

Spielregel:
Der „Nähkasten" wird in die Mitte eines am besten runden Tisches gestellt. Die Kinder stehen um den Tisch herum, die Hände zunächst auf dem Rücken.
Nach einem Startzeichen nehmen die Kinder die Hände vom Rücken und suchen die Gegenstände aus der Schachtel heraus, die ihrer Meinung nach nicht zum Nähen gebraucht werden. Sie dürfen nicht in der Schachtel wühlen, sondern sehen sich alles nur genau an. Sie greifen die Dinge heraus, die sie als „falsch" erkannt haben und legen sie vor sich auf den Tisch.
Wer nach vorher vereinbarter Zeit die meisten nicht zugehörigen Dinge herausgefunden hat, hat das Spiel gewonnen. Gegenstände, die herausgenommen wurden, aber doch zum Nähzeug gehören, müssen zurückgelegt werden und zählen nicht mit.

Andere Spielformen:
Statt eines „Nähkastens" kann man auf gleiche Art einen Besteckkasten, einen Spielzeugkasten, einen Handschuhkasten oder einen Werkzeugkasten aufräumen lassen.
Hat man zwei „Nähkästen", so kann man das Spiel als Gruppenspiel an zwei Tischen auch mit mehr als sechs Kindern spielen. Die Kinder einer Gruppe arbeiten dann gemeinsam und dürfen sich beraten. Die Gruppe, die zuerst fertig ist und keine Fehler gemacht hat, hat gewonnen.

56. Bilderlotto aus Postkarten

Lernziel: Erkennen, kombinieren
Material: Je zwei gleiche Bildpostkarten mit kindlichen Motiven für jedes Kind

Anzahl der Kinder: 3—7
Vorbereitung: Der Erwachsene schneidet je eine der beiden gleichen Postkarten in sechs, später auch in acht oder mehr gleiche Teile.

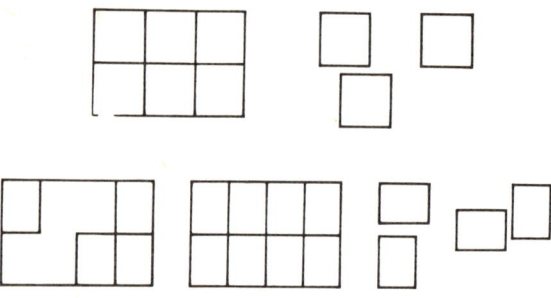

Spielregel:

Alle zerschnittenen Teile werden gut gemischt und kommen in eine Schale. Die Kinder haben sie vorher nicht gesehen. Die nicht zerschnittenen Postkarten mit den gleichen Bildern werden unter die Kinder verteilt. Jedes Kind bekommt eine Karte und sieht sich das Bild gut an.
Ein Kind teilt wie beim Bilderlotto die Einzelteile aus. Die Kinder müssen nach ihrer unzerschnittenen Karte die Einzelteile erkennen, sich geben lassen und ihre Postkarte damit bedecken. Erkennt ein Kind ein Teil, das zu seinem Bild gehört, nicht, wird das Kärtchen zur Seite gelegt und bei einem zweiten oder dritten Durchgang noch einmal gezeigt. Wer seine Karte zuerst bedeckt hat, hat

gewonnen und darf beim nächsten Spiel austeilen. Die Einzelteile werden wieder gut gemischt, die unzerschnittenen Karten werden ausgetauscht.

Erschwerte Spielform:

Jedes Kind bekommt nicht eine, sondern zwei unzerschnittene Postkarten und muß beim gleichen Spiel die Teile für beide Karten herausfinden.
Statt in sechs Teile werden die Karten in acht oder mehr Teile zerschnitten. Die Einzelteile müssen sehr genau auf die unzerschnittene Karte aufgelegt werden.

57. Bilderlotto auf andere Art

Lernziel: Gedächtnisübung, Konzentration, Sprachübung
Material: Ein vorhandenes Bilderlotto der üblichen Art

Anzahl der Kinder: Richtet sich nach der Zahl der vorhandenen Bilderlotto-Karten, mindestens aber 3.

Spielregel:

Das Bilderlotto, auf dem Gegenstände abgebildet sind, die den Kindern bekannt sind, wird auf die übliche Weise gespielt, mit dem Unterschied, daß das austeilende Kind die kleinen Karten nicht offen auf den Tisch legt, sondern sie in der Hand behält und nur laut die darauf abgebildeten Dinge ausruft: Wer hat eine Puppe? — Wer hat einen Ball? — Wer hat eine Blume? usw.

58. Farbturm bauen

Lernziel: Farbkenntnisse
Material: Würfelförmige Bausteine in vier Farben, Farbkarte wie in Spiel 52, Farbwürfel. Um die Farbkarte haltbarer zu machen und sie immer wieder verwenden zu können, kann man sie mit Klarsichtfolie oder einer ähnlichen Folie überziehen.

Anzahl der Kinder: 2—6
Vorbereitung: Wenn noch nicht vorhanden, Herstellung einer Farbkarte wie in Spiel 52. Bereitstellung des übrigen Materials

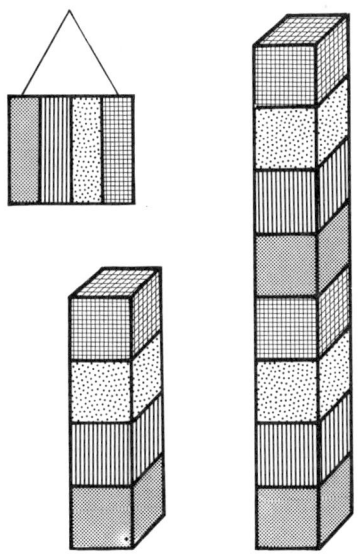

Spielregel:

In der Mitte des Tisches steht ein Kasten mit den Bausteinen. Die Farbkarte, die die Reihenfolge der Farben angibt, liegt oder hängt so, daß alle Kinder sie gut sehen können.
Jedes Kind muß einen Turm bauen, dessen Steine die vier Farben der Farbkarte haben; es muß also vier Bausteine zu einem Turm aufbauen.
Es wird reihum gewürfelt. Das erste Kind, Elisabeth, würfelt rot, also die erste Farbe der Farbkarte. Sie darf einen roten Baustein aus dem Kasten nehmen und ihren Turm beginnen. Sie gibt den Würfel an Martin weiter. Martin würfelt gelb. Er kann noch nicht zu bauen anfangen und gibt den Würfel weiter.
In der zweiten Runde muß Elisabeth blau würfeln, um weiterbauen zu können. Würfelt sie eine andere Farbe, gibt sie den Würfel weiter. Martin muß erst noch rot würfeln.
Würfelt ein Kind schwarz, muß es den letzten aufgesetzten Baustein zurückgeben, würfelt es weiß, darf es noch einmal würfeln. Das Kind, das zuerst seinen Turm aus vier verschiedenfarbigen Bausteinen in der Reihenfolge der Farbkarte aufgebaut hat, hat gewonnen. Man kann das Spiel so lange fortsetzen, bis alle Kinder ihren Turm fertig haben.

Erschwerte Spielform:

Es müssen zweimal vier Steine zum Turm aufgebaut werden. Wer den Turm versehentlich umstößt, muß die heruntergefallenen Steine zurückgeben und durch neues Würfeln wieder ersetzen.

59. Viel oder wenig

Lernziel: Erste Mengenbegriffe
Material: Muggelsteine oder Knöpfe, Materialschalen

Anzahl der Kinder: 2—8
Vorbereitung: Für jedes Kind wird eine Materialschale mit etwa 30 Muggelsteinen, kleinen Knöpfen oder Steinchen vorbereitet.

Spielregel:

Die Kinder sitzen an einem Tisch. Sie stellen ihre Materialschalen mit Muggelsteinen dicht vor sich hin. Das erste Kind, etwa Sabine, greift mit beiden Händen vorsichtig in die Schale und nimmt in die eine Hand viel, in die andere wenig Muggelsteine. Sie hält ihre geschlossenen Hände ihrem Nachbarn Michael entgegen und fragt: „Viel oder wenig?"
Michael zeigt auf eine Hand und sagt: „Wenig!" Sabine öffnet beide Hände vorsichtig, damit keine Muggelsteine herunterfallen, und zeigt den Inhalt. Hat Michael richtig geraten, muß Sabine den Inhalt beider Hände wieder in ihre Schale zurücklegen. Hat Michael falsch geraten, muß er den Inhalt der falsch geratenen Hand, hier also die „vielen" Muggelsteine, in seine Schale nehmen. Nun ist Michael dran. Er nimmt in die eine Hand viel und in die andere Hand wenig Muggelsteine und hält sie seinem anderen Nachbarn entgegen: „Viel oder wenig?"
Stellt sich beim Öffnen der Hände heraus, daß Michael viel und wenig nicht richtig verteilt hat, so muß er alle Muggelsteine zurücknehmen und eine Runde aussetzen. Viel und wenig muß deutlich voneinander unterscheidbar sein. Wenig darf nicht 1 sein, viel muß das mehrfache von wenig

sein und kann auch die 10 überschreiten, denn es wird nicht gezählt.
Wer nach einer vorher vereinbarten Anzahl von Runden die wenigsten Muggelsteine in seiner Schale hat, hat gewonnen.

60. Viele Muggelsteine

Lernziel: Mengenbegriff, Farbkenntnisse, Sprachentwicklung
Material: Muggelsteine, Materialschalen, evtl. Eier- oder Eislöffel, Kartonstreifen

Anzahl der Kinder: 2—6
Vorbereitung: Für jedes Kind wird eine Materialschale mit Muggelsteinen vorbereitet. Jede Schale muß eine reichliche Anzahl einer und wenige Exemplare einer zweiten Farbe enthalten. Eine Schale enthält also z. B. 20 blaue und 5 rote Muggelsteine, eine andere 20 gelbe und 5 grüne usw. In jeder Schale sollen die gleiche Anzahl, aber nicht die gleichen Farben enthalten sein.

Spielregel:

Jedes Kind bekommt eine vorbereitete Materialschale mit Muggelsteinen und zwei leere Materialschalen. Statt der Materialschalen kann man auch sauber ausgewaschene Quark- oder Eisbecher nehmen. Das Kind soll die Muggelsteine aus der Schale herausnehmen und nach den beiden Farben in die leeren Schalen einordnen. Wer seine Muggelsteine geordnet hat, zeigt sie dem Erwachsenen und muß den Inhalt der beiden Schalen beschreiben: „In dieser Schale sind viele blaue Muggelsteine, in der anderen Schale sind wenige rote Muggelsteine."

Wer zuerst seine Muggelsteine geordnet und die beiden Schalen richtig beschrieben hat, ist Sieger.

Erschwerte Spielform:

Die Muggelsteine dürfen nicht mit den Händen herausgenommen werden, sondern müssen einzeln mit einem Eierlöffel, einem Eislöffel oder einem zu einer Rinne gefalteten Streifen Karton herausgefischt und in die andere Schale gelegt werden.

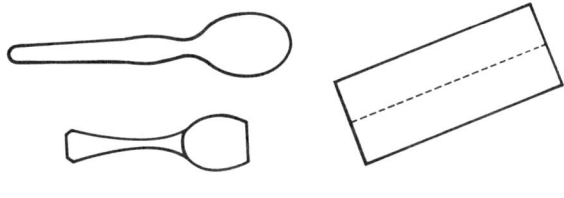

Andere Spielform:

Statt Muggelsteinen kann man Kugeln in zwei Farben nehmen.

61. Muggelstein-Farbmuster

Lernziel: Zahlenkenntnisse, Farbkenntnisse
Material: Muggelsteine, Materialschalen

Anzahl der Kinder: 2—6
Vorbereitung: Für jedes Kind werden 36 Muggelsteine vorbereitet, und zwar je 6 in einer Farbe, also 6 rote, 6 blaue, 6 gelbe, 6 grüne, 6 weiße und 6 schwarze. Alle 36 Muggelsteine kommen gemischt in eine Materialschale.

Spielregel:

Jedes Kind bekommt eine vorbereitete Materialschale. Auf ein Startzeichen des Erwachsenen oder eines Kindes sortieren die Kinder ihre Muggelsteine nach Farben. Dann ordnen sie jede Farbe zu einer kleinen Figur: zu einem Kreis, einer Reihe, einem Quadrat, einem Turm usw. Wer zuerst fertig ist und auch schöne Figuren gelegt hat, hat gewonnen.

Erschwerte Spielform:

Man kann die Zahl der Muggelsteine erhöhen oder man nimmt für jede Farbe eine andere Zahl Muggelsteine und läßt die Kinder zuletzt die Zahl der einzelnen Farben angeben.

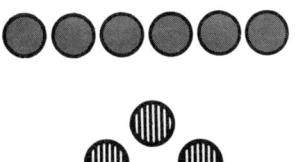

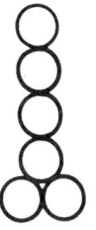

62. Kugeln löffeln

Lernziel: Geschicklichkeit, Farbkenntnisse, Vertiefung der Zahlenkenntnisse
Material: Kleine bunte Kugeln, flache große Schachtel oder Schachteldeckel, Materialschalen, Eierlöffel

Anzahl der Kinder: 2—6
Vorbereitung: Bereitstellung des Materials

Spielregel:

Jedes Kind bekommt drei Materialschalen und einen Eierlöffel. In der Mitte des Tisches steht eine große flache Schachtel mit einer großen Anzahl bunter Kugeln. Man muß darauf achten, daß der Abstand aller Kinder zu der möglichst großflächigen Schachtel mit niedrigem Rand gleichmäßig ist.
Jedes Kind soll so schnell wie möglich mit seinem Eierlöffel 15 Kugeln aus der Schachtel in seine drei Schalen holen, und zwar je 5 Kugeln einer Farbe in eine Schale. Es darf jedesmal nur eine Kugel auf seinen Löffel nehmen. Es kann selbst die Wahl seiner Farben treffen, muß sie aber richtig in seine drei Schalen einordnen. Statt Materialschalen kann man auch Quarkbecher oder runde Käseschachteln nehmen.
Wer die Aufgabe zuerst richtig gelöst hat, hat gewonnen.

Das Spiel kann auch als Gruppenwettspiel an 2 oder 3 Tischen mit 6 bis 18 Kindern gespielt werden. Dann hat die Gruppe gewonnen, die zuerst fertig ist.

63. Zahlen würfeln

Lernziel: Zahlenkenntnisse
Material: Muggelsteine, Spielmarken, Zahlenwürfel

Anzahl der Kinder: 2—6
Vorbereitung: Schalen mit Muggelsteinen bereithalten. Falls keine Spielmarken vorhanden sind, fahrkartengroße Zettel schneiden.

Spielregel:

Die Kinder sitzen an einem Tisch. Jedes Kind bekommt eine Schale mit Muggelsteinen. Es wird reihum mit dem Zahlenwürfel gewürfelt. Das Kind, das gewürfelt hat, legt seine gewürfelte Zahl mit Muggelsteinen auf den Tisch und läßt sie liegen, bis alle Kinder gewürfelt haben. Der Erwachsene oder die anderen Kinder kontrollieren jedesmal die Richtigkeit der gewürfelten und gelegten Zahl. Nach einer Runde wird verglichen: Wer die höchste Punktzahl gewürfelt hat, bekommt eine Spielmarke oder einen Zettel. Jedes Kind legt seine Muggelsteine in seine Schale zurück.
Eine neue Würfelrunde beginnt. Wer nach einer Anzahl von Runden die meisten Spielmarken oder Zettel hat, hat gewonnen.

Erschwerte Spielformen:

Die Kinder würfeln mit einem Zahlen- und einem Farbwürfel. Dann müssen sie die gewürfelte Punktzahl mit Muggelsteinen in der gewürfelten Farbe legen.
Noch schwerer ist das Spiel, wenn mit zwei Zahlenwürfeln gewürfelt wird. Die Kinder müssen die Punkte beider Würfel zusammenzählen und legen.

64. Zahl-Muggelsteine

Lernziel: Zahlen bis 6, Farbkenntnisse
Material: Muggelsteine, Materialschalen

Anzahl der Kinder: 2—12

Vorbereitung: Man bereitet für jedes Kind eine Materialschale vor mit etwa einem roten, zwei blauen, drei gelben, vier grünen, fünf weißen und sechs schwarzen Muggelsteinen. Für jedes Kind soll die Reihenfolge der Farben anders sein, aber die Zahlzusammenstellung von 1 bis 6 muß immer gleich bleiben.

Spielregel:

Die Kinder sitzen je nach Anzahl an ein oder zwei Tischen. Jedes Kind bekommt eine Schale mit den sortierten Muggelsteinen. Die Kinder werden aufgefordert, die Muggelsteine nach Farben und Anzahl in Reihen zu ordnen.

Wer seine Muggelsteine geordnet hat, wartet, bis alle fertig sind. Dann müssen alle Kinder berichten — sie sprechen dabei in ganzen Sätzen —, wieviel Muggelsteine sie von jeder Farbe haben. Thomas sagt: „Ich habe einen roten Muggelstein, zwei gelbe Muggelsteine, drei blaue Muggelsteine, vier weiße Muggelsteine, fünf schwarze Muggelsteine und sechs grüne Muggelsteine." Susanne sagt: „Ich habe einen schwarzen Muggelstein, zwei weiße Muggelsteine, drei blaue Muggelsteine, vier gelbe Muggelsteine, fünf grüne Muggelsteine und sechs rote Muggelsteine."

Die Kinder kontrollieren, ob alle Muggelsteine richtig gelegt wurden und ob die Aussagen stimmen. Wer einen Fehler gemacht hat, muß ein Pfand geben. Jedes Kind legt seine Muggelsteine wieder in die Schale. Die Schalen werden untereinander getauscht. Das Spiel kann wiederholt werden.

Andere Spielform:

Das Spiel kann als Gruppenwettspiel gespielt werden. Ein Tisch spielt gegen den anderen. Die Kinder, die zuerst fertig sind, dürfen den Kindern ihrer Gruppe helfen. Gewonnen hat der Tisch, bei dem die wenigsten Fehler gemacht wurden.

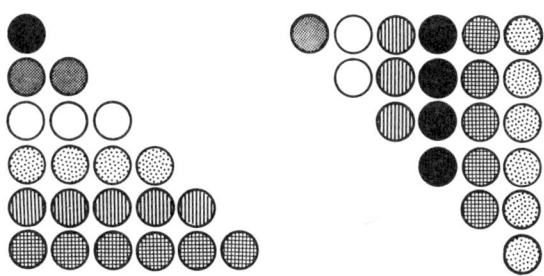

65. Zahlen üben

Lernziel: Zahlenkreis bis 10, Gedächtnis
Material: Muggelsteine, Steine oder Knöpfe; für jedes Kind drei Pappscheiben oder Pappteller, Materialschalen, Spielmarken

Anzahl der Kinder: 2—8
Vorbereitung: Für jedes Kind wird eine Materialschale mit 30 Muggelsteinen, Steinchen oder Knöpfen bereitgestellt. Außerdem braucht jedes Kind drei kleine Pappteller. Hat man keine Pappteller, kann man Pappscheiben mit einem Durchmesser von 6 bis 8 cm ausschneiden. Statt Spielmarken kann man kleine Papier- oder Kartonstücke schneiden.

Spielregel:

Das Spiel muß gut erklärt werden.
Die Kinder sitzen am Tisch. Sie haben eine Materialschale mit Muggelsteinen und drei Pappteller vor sich stehen.
Der Erwachsene ruft drei Zahlen zwischen 1 und 10, also etwa: „3 — 5 — 8!" Er sagt sie nur einmal.
Nun muß jedes Kind schnell auf die drei Pappteller je eine der drei Zahlen mit Muggelsteinen (oder Steinchen oder Knöpfen) legen, und zwar in der genannten Reihenfolge: Auf den ersten Teller kommen 3 Muggelsteine, auf den zweiten 5 und auf den dritten 8.

 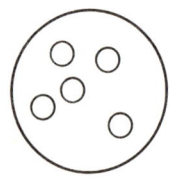 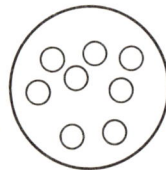

Wer zuerst fertig ist und keinen Fehler gemacht hat, bekommt zwei Spielmarken oder Zettel, der zweite bekommt eine.
Erst wenn alle Kinder die Zahlen gelegt haben, werden die Muggelsteine wieder in die Schale zurückgelegt. Nun ruft der Erwachsene drei neue Zahlen. Die Kinder legen sie wieder auf ihre Teller. Nach einiger Übung kann auch das Kind, das jeweils zuerst fertig war, die nächsten Zahlen nennen. Wer zuletzt die meisten Spielmarken hat, ist Sieger.

66. Zahlensteckbrett

Lernziel: Konzentration, Zahlenkreis bis 6, Farbkenntnisse
Material: Steckbrettchen und Stecker, Farbwürfel, Zahlenwürfel

Anzahl der Kinder: 2—12
Vorbereitung: Jedes mitspielende Kind braucht eine Materialschale mit Steckern in den vier Grundfarben, von jeder Farbe mindestens sechs.

Spielregel:

Je nach Zahl der Kinder wird an einem oder an zwei Tischen gespielt. Für jeden Tisch muß ein Zahlen- und ein Farbwürfel vorhanden sein.
Jedes Kind bekommt ein Steckbrett und eine Materialschale mit Steckern.
Susanne fängt an zu würfeln, und zwar mit beiden Würfeln. Die Kinder ihres Tisches sehen die Würfel an, ohne zu sprechen, und beginnen sofort, die gewürfelte Zahl in der Farbe, die der Farbwürfel anzeigt, auf ihr Steckbrett zu stecken. Peter ist zuerst fertig und hat die Aufgabe richtig gelöst. Er

darf den nächsten Wurf machen. Vorher kommen wieder alle Stecker in die Schalen.

Zeigt der Farbwürfel keine der Grundfarben, sondern weiß, darf jedes Kind selbst bestimmen, in welcher Farbe es die Anzahl Stecker, die der Zahlenwürfel angezeigt hat, auf sein Steckbrett setzen will. Zeigt er schwarz, muß in gemischten Farben gesteckt werden.

Erschwerte Form:

Das Spiel wird schwerer, wenn man zur Bedingung macht, daß die Stecker einmal nur waagerecht, das nächste Mal nur senkrecht oder in die dritte Reihe von oben usw. gesteckt werden dürfen.

67. Perlen fädeln

Lernziel: Mengenunterschiede, Zahlenkreis bis 5, Farbkenntnisse
Material: Bunte Perlen, Schnüre, Materialschalen (Quarkbecher, Käseschachteln)

Anzahl der Kinder: 2—12
Vorbereitung: Bereitstellung des Materials

Spielregel:

Die Kinder sitzen an einem oder an zwei Tischen. Jedes Kind bekommt zwei Materialschalen. In der einen sind 10 rote, in der zweiten 20 blaue Perlen (oder Perlen in zwei anderen Farben) und eine Schnur zum Auffädeln.

Den Kindern muß gut erklärt werden, was sie zu tun haben: Sie sollen die Perlen so auffädeln, daß sie abwechselnd *eine* Perle aus der Schale nehmen, die nur wenige Perlen enthält, und zwei Perlen aus der Schale, in der sich viele Perlen befinden. Haben sie einen Fehler gemacht, müssen

sie die Kette bis zu dieser Stelle wieder aufmachen und die Perlen in die entsprechenden Schalen zurücklegen.

Vor dem Beginn nennt jedes Kind die Farben seiner Perlen. Es sagt mit einem ganzen Satz: „Ich habe wenig rote und viel blaue Perlen." Auf ein Zeichen des Erwachsenen hin fangen die Kinder an. Wer seine Kette zuerst fehlerlos fertig hat, hat gewonnen. Er darf zuletzt alle fehlerfreien Ketten an einer vereinbarten Stelle aufhängen.

Erschwerte Spielformen:

Man kann die Anzahl der Perlen vergrößern.

Legt man in die zweite Schale mehr als 20 Perlen, etwa 30 oder 40, dann kann man immer abwechselnd eine und drei oder vier Perlen auffädeln lassen.

Noch schwerer wird das Spiel, wenn man drei verschiedene Farben in drei verschiedenen Mengen nimmt, etwa eine Perle rot, drei blau, zwei weiß usw.

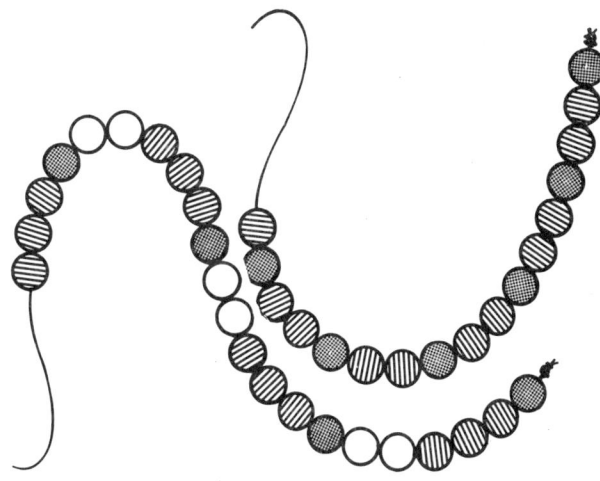

68. Was hat sich verändert?

Lernziel: Beobachten, erkennen
Material: Nicht zu kleine Gegenstände des täglichen Gebrauchs wie Buch, Zeitung, Teller, Tasse, Löffel, Schere, Frühstückstasche, Materialkasten, Spielzeug usw.

Anzahl der Kinder: 3—15
Vorbereitung: Bereitstellung des Materials

Spielregel:

Die Kinder bilden einen Kreis. In den Kreis werden eine Anzahl Gegenstände wie Buch, Ball, Teller usw. gelegt. Mit drei bis vier Gegenständen wird angefangen. Die Kinder zählen die Gegenstände. Sie werden aufgefordert, sich die Gegenstände gut anzuschauen. Dann wird eins der Kinder, etwa Peter, hinausgeschickt. Eins der Kinder aus dem Kreis nimmt einen der Gegenstände weg und legt ihn an einen zwar sichtbaren, aber etwas abgelegenen Platz außerhalb des Kreises.
Peter wird hereingerufen. Die Kinder fragen ihn: „Was hat sich verändert?"
Peter muß nun herausfinden, welcher Gegenstand fehlt und wo sein neuer Platz ist. Macht er es richtig, darf er noch einmal hinausgehen. Bevor er das Zimmer verläßt, wird der Gegenstand, der einen anderen Platz bekommen hatte, wieder in den Kreis gelegt und ein neuer Gegenstand hinzugefügt. Die Gegenstände werden wieder gezählt und genau betrachtet.
Hat Peter den Raum verlassen, bekommen zwei Gegenstände einen anderen Platz. Kann Peter auch diesmal feststellen, was sich verändert hat, darf er noch einmal hinausgehen, nachdem ein weiterer Gegenstand in den Kreis gelegt wurde. Nun werden drei Gegenstände auf einen anderen Platz gebracht usw.

Sobald Peter nicht mehr alle im Kreis fehlenden Gegenstände und ihren neuen Standort richtig erkennt, wird er durch ein anderes Kind ersetzt. Bei diesem wird wieder mit wenig Gegenständen angefangen.

69. Bausteine verstecken (F)

Lernziel: Farben und Formen erkennen
Material: Bunte Bausteine verschiedener Formen, von denen jede mindestens viermal vorhanden sein muß; 2 Körbe oder Materialkästen

Anzahl der Kinder: 2—12
Vorbereitung: In einen Korb oder einen Materialkasten kommen so viele in Form und Farbe verschiedenartige Bausteine, wie Kinder mitspielen. In den anderen Korb oder Kasten kommt die dreifache Anzahl der gleichen Bausteine.

Spielregel:

Wenn möglich, bleiben die Kinder im Flur oder in einem anderen Teil des Hofes, während der Erwachsene die Bausteine aus dem Korb oder Kasten mit der größeren Anzahl versteckt. Ist das nicht möglich, stellt man die Kinder mit dem Gesicht gegen eine Wand und läßt sie die Augen zuhalten. Sie dürfen sich nicht umdrehen. Der Erwachsene versteckt schnell die Bauklötze im ganzen Zimmer oder in einem abgegrenzten Raum im Freien. Sie müssen für die Kinder auffindbar und erreichbar sein.
Dann dürfen sich die Kinder umdrehen. Der Erwachsene teilt jedem Kind aus dem Korb mit der geringen Anzahl Bausteine einen Baustein aus. Christina bekommt z. B. einen roten Würfel, Tho-

mas einen blauen Quader, Martin eine gelbe Pyramide usw.

Nun werden die Kinder aufgefordert, Bauklötze ihrer Form und Farbe zu suchen. Wer zuerst drei Bausteine seines Musters gefunden hat, kommt zu dem Erwachsenen und zeigt sie ihm. Hat er die Aufgabe richtig gelöst, hat er das Spiel gewonnen und darf bei der nächsten Runde beim Verstecken der Bausteine helfen.

Hat ein Kind einen falschen Baustein genommen, muß es ihn zurückbringen und den richtigen suchen. Findet ein Kind lange Zeit seine Bausteine nicht, helfen alle, die bereits fertig sind, beim Suchen mit.

Erschwerte Spielformen:

Man macht das Spiel schwerer, wenn man außer den drei Bausteinen, die jedes Kind suchen muß, auch noch einige andere, in Farbe oder Form ähnliche versteckt.

Man kann auch jedem Kind zwei Mustersteine geben und zweimal drei Steine suchen lassen. Dann muß die doppelte Anzahl von Bausteinen vorbereitet werden.

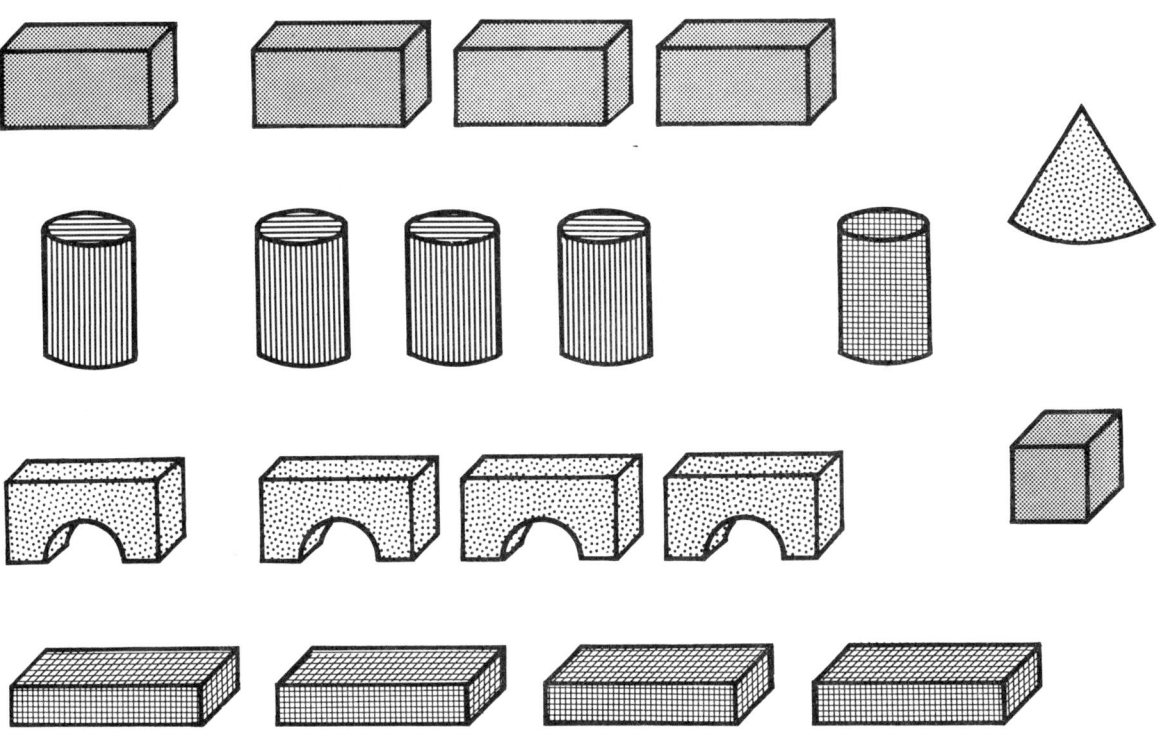

70. Legetafeln sammeln

Lernziel: Farbkenntnisse
Material: Quadratische Legetafeln in den Farben rot, blau, gelb und grün; ein oder zwei Farbwürfel

Anzahl der Kinder: 2—12
Vorbereitung: Bereitstellung des Materials

Spielregel:

Je nach Kinderzahl wird an einem oder an zwei Tischen gespielt. In die Mitte des Tisches oder beider Tische werden auf einen Schachteldeckel oder in eine flache Schale 60 bis 100 Legetafeln in den Farben rot, blau, gelb, grün geschüttet. Jeder Tisch bekommt einen Farbwürfel.
Es wird an jedem Tisch reihum gewürfelt. Nach einem Wurf darf sich jedes Kind eine der Farbe seines Wurfes entsprechende Legetafel aus der Schale herausnehmen und vor sich auf den Tisch legen. Würfelt es weiß, so darf es vier Legetafeln nehmen, je eine von jeder Farbe. Würfelt es schwarz, muß es vier Legetafeln, auch je eine von jeder Farbe, wieder zurückgeben. Besitzt es nicht alle vier Farben, so gibt es je eine Legetafel der Farben, die es besitzt, zurück. Sind zuletzt nicht mehr alle Farben in der Schale, bekommt ein Kind bei einem weißen Wurf weniger als vier Tafeln, bei einem farbigen Wurf kann es u. U. keine Legetafel mehr bekommen.

Nach einer vorher vereinbarten Anzahl von Runden, oder wenn die Schale keine Legetafeln mehr enthält, hören die Kinder auf zu würfeln. Jedes Kind legt seine Legetafeln, nach Farben geordnet, zu einer langen Reihe zusammen. Wer die längste Reihe hat, ist Sieger.

Andere Spielformen:

Das Spiel kann als Gruppenspiel gespielt werden. Ein Tisch spielt gegen den anderen. Die Anzahl der Legetafeln muß auf beiden Tischen gleich sein. Unwichtig ist die Farbverteilung, aber es müssen anfangs auf beiden Tischen alle vier Farben vertreten sein.
Es wird so lange gespielt, bis keine Legetafeln mehr in der Schale enthalten sind. Diejenige Gruppe hat gewonnen, die dieses Ziel zuerst erreicht hat.
Statt mit Legetafeln kann dieses Spiel auch mit Muggelsteinen in entsprechenden Farben gespielt werden.

Erschwerte Spielform:

Die Kinder müssen zuletzt ihre Reihe nicht nur nach Farben, sondern auch nach der Anzahl der einzelnen Farben ordnen: Zuerst kommen die Legetafeln in der Farbe, die am häufigsten vertreten ist, dann die mit der zweitgrößten Anzahl usw.

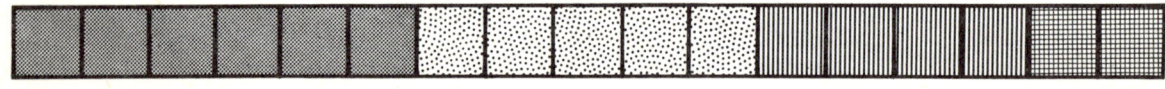

71. Reime suchen

Lernziel: Sprachentwicklung
Material: Spielmarken oder Karton- bzw. Papierzettel

Anzahl der Kinder: 5—15
Vorbereitung: Überlegen bekannter und neuer Reime

Spielregel:

Der Erwachsene sagt einen Reim, der den Kindern bekannt ist, z. B.: „A — B — C —, die Katze lief im . . ." Das letzte Wort spricht er nicht mehr aus. Es muß von den Kindern ergänzt werden. Das Kind, das den Reim zuerst ergänzt hat, bekommt eine Spielmarke oder einen Zettel.

Wenn die Kinder die Aufgabe verstanden haben, nennt der Erwachsene Reime, die die Kinder noch nicht kennen, und läßt sie ergänzen. Später geht er dazu über, selbst Reime zu bilden, wie z. B.:

Heute scheint die Sonne schön,
wir wollen drum spazieren . . .

oder:

Hu, wie bläst so kalt der Wind,
bleib darum zu Haus, mein . . .

Das Kind, das zuerst den Reim findet, bekommt jeweils eine Spielmarke. Wer zuletzt die meisten Spielmarken oder Zettel hat, ist Sieger.

Nach einiger Übung werden die Kinder ermuntert, selbst Reime zu bilden. Wer selbst einen Reim findet, bekommt zwei Spielmarken.

Einige Reime:

Zizibe, zizibe,
Die Sonn' vertreibt den letzten Schnee.

April, April,
macht, was er will.

Trarira,
der Sommer, der ist da.

Regen, Regen, tropf,
fällt auf meinen Kopf.

Ringel ringel Reihe,
wir sind der Kinder dreie.

Wickel wackel Gänschen,
wackelt mit dem Schwänzchen.

Schornsteinfeger,
schwarzer Neger.

Aschaschasch die Eisenbahn,
wer will mit nach Köllen fahrn?

Tanz, Kindlein, tanz,
deine Schühchen sind noch ganz.

Schlaf, Kindlein, schlaf,
der Vater hüt' die Schaf.

72. Säckchenraten

Lernziel: Tastsinn, beobachten

Material: Zwei kleine Säckchen aus dünnem undurchsichtigem Stoff, kleines Spielzeug wie Autos, Püppchen, Holztierchen usw. und kleine Gebrauchsgegenstände wie Fingerhut, Knopf, Eierlöffel, kleiner Bleistift, Radiergummi, größere Schraube, Garnrolle usw., Spielmarken

Anzahl der Kinder: 2—8

Vorbereitung: Man näht aus dünnem, aber undurchsichtigem Stoff zwei kleine Säckchen und schneidet Bänder zum Zubinden zu. In einem Korb, der zugedeckt wird, oder einem Materialkasten mit Deckel stellt man die Dinge bereit, die geraten werden sollen.

Spielregel:

Der Erwachsene und die Kinder sitzen in einem Kreis. Hinter dem Erwachsenen sitzt ein Kind, das ihm helfen soll, etwa Ulrike. Ulrike hat neben sich den Korb oder Kasten mit den kleinen Gegenständen, die geraten werden sollen. Sie bekommt auch die beiden Säckchen. Sie steckt vorsichtig, so daß es die anderen Kinder nicht sehen, einen Gegenstand in eines der Säckchen und bindet es fest zu. Sie reicht das Säckchen dem Erwachsenen, der inzwischen die Kinder durch ein Lied oder ein Rätsel abgelenkt hat. Der Erwachsene überzeugt sich davon, daß das Säckchen gut zugebunden ist und reicht es dem Kind neben sich.

Es ist Martin. Martin wird aufgefordert, durch Abtasten zu raten, was in dem Säckchen versteckt ist. Er darf zunächst das Säckchen nicht öffnen. Glaubt er zu wissen, was das Säckchen enthält, sagt er es laut: „In dem Säckchen ist ein Kreisel!" Nun darf er das Säckchen öffnen und den Gegenstand herausnehmen. Hat er richtig geraten, bekommt er eine Spielmarke.

Inzwischen hat Ulrike einen anderen kleinen Gegenstand in das zweite Säckchen gesteckt und zugebunden. Sie reicht es wieder dem Erwachsenen. Martin gibt Säckchen und Kreisel an Ulrike zurück. Sie legt den Kreisel beiseite und steckt einen anderen Gegenstand in das Säckchen.

Der Erwachsene reicht das zweite Säckchen dem zweiten Kind, das nun wieder raten muß. So geht das Spiel fort. Gewonnen hat zuletzt, wer die meisten Spielmarken hat.

Andere Spielformen:

Statt Spielzeug nimmt man Legetafeln in geometrischen Formen und läßt raten, welche Form im Säckchen ist: Dreieck, Kreis, Quadrat usw.

Man kann auch Bauklötze nehmen, deren Formen man raten läßt: Würfel, Walze, Quader usw.

Erschwerte Spielform:

Schwerer wird das Spiel, wenn man statt eines Gegenstandes zwei oder drei in das Säckchen steckt. Dann bekommt das Kind für jeden richtig getasteten Gegenstand eine Spielmarke.

73. Knöpfe sortieren

Lernziel: Erkennen, beobachten, Geschicklichkeit
Material: Knöpfe, Fäden

Anzahl der Kinder: 2—6

Vorbereitung: In einer flachen großen Schachtel oder einem Schachteldeckel werden sehr viele verschiedenartige Knöpfe bereitgelegt. Jeder Knopf muß mehrfach vertreten sein. Es wird eine ausreichende Anzahl kurzer fester Zwirnsfäden zugeschnitten.

Spielregel:

Die Kinder sitzen um einen Tisch, in dessen Mitte die flache Schachtel mit den Knöpfen steht. Die Kinder müssen alle Knöpfe gut übersehen können, dürfen aber auch aufstehen.

Der Erwachsene erzählt: „Mutters Knopfschachtel enthält sehr viele bunte Knöpfe: solche mit 2 Löchern, solche mit 4 Löchern und solche mit Ösen zum Annähen. Wenn aber die Mutter einen bestimmten Knopf sucht, weil ihr Kind am Mantel oder der Hose einen verloren hat, dann findet sie ihn nicht, weil alle Knöpfe ganz durcheinander in der Schachtel liegen. Wie kann man der Mutter helfen?"

Die Kinder kommen darauf, daß man die Knöpfe sortieren kann. Der Erwachsene fordert nun die Kinder auf, Ordnung in der Knopfschachtel zu machen.

Jedes Kind nimmt sich einen kleinen Faden. Auf ein Zeichen zum Beginn sucht es eine Sorte Knöpfe heraus und legt sie vor sich hin. Es muß gut suchen, damit sich nicht später herausstellt, daß es einen Knopf der gleichen Sorte vergessen hat.

Der Erwachsene muß darauf achten, daß nicht zwei Kinder die gleiche Knopfsorte wählen.

Hat das Kind alle Knöpfe einer Sorte gefunden, fädelt es sie vorsichtig auf den Faden und knotet ihn zusammen. Ungeschickten Kindern zeigt der Erwachsene, wie sie knoten müssen. Unter Umständen kann er ihnen auch helfen.

Hat ein Kind eine Sorte aufgefädelt, sucht es die nächste Sorte heraus.

Wenn alle Knöpfe sortiert und aufgefädelt sind, wird verglichen und festgestellt, wer die meisten Knöpfe richtig aufgefädelt und damit das Spiel gewonnen hat.

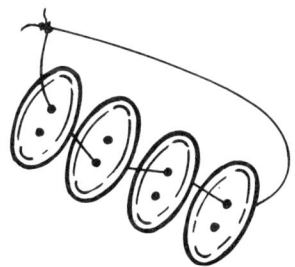 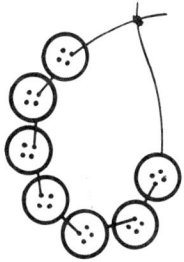

74. Ordnung machen

Lernziel: Farben und Formen erkennen

Material: Je die gleiche Anzahl von Muggelsteinen, Kugeln, Legetafeln, Perlen, Legestäbchen, Legeringen, Tierchenfiguren, Legobausteinen, Steckern, Steinen, Knöpfen usw.; Materialschalen

Anzahl der Kinder: 2—6

Vorbereitung: Das Material wird in einer großen Schale oder einer flachen Schachtel bereitgestellt.

Spielregel:

Der Erwachsene zeigt den Kindern die große Schale voller Material. Er erklärt, die Dinge seien durcheinandergeraten und müßten wieder aufgeräumt werden. Er bittet die Kinder, ihm zu helfen, gibt ihnen aber nur zwei Minuten Zeit. Sie müssen sich also beeilen.

Er schüttet den Inhalt der Schale vorsichtig auf den Tisch und gibt jedem Kind eine Materialschale.

Jedes Kind sucht sich einen Gegenstand, den es herauslesen will: Susanne ein Stäbchen, Martin ein Tierchen, Thomas einen Muggelstein.

Der Erwachsene gibt ein Zeichen. Die Kinder suchen nun die Gegenstände heraus, die sie aussortieren wollen und legen sie in ihre Schale: Susanne sucht *alle* Stäbchen, nicht nur die, die die gleiche Länge und Farbe haben wie das Musterstäbchen; Martin sucht *alle* Tierchen und Thomas *alle* Muggelsteine, gleich welcher Farbe und Größe. Nach zwei Minuten müssen die Kinder aufhören. Wer in seiner Schale die meisten richtig aussortierten Teile hat, hat gewonnen. Die Kinder legen ihre Gegenstände wieder zurück. Alle Teile werden gut gemischt. Jedes Kind sucht sich einen

neuen Mustergegenstand. Das Spiel beginnt von vorn.

Erschwerte Spielformen:

Das Spiel wird schwerer, wenn die Kinder innerhalb ihrer Form auch nach Farben sortieren müssen. Dann brauchen sie mehrere Materialschalen. Susanne muß ihre Stäbchen also noch einmal in rote und blaue Stäbchen teilen, Thomas seine Muggelsteine vielleicht in gelbe und grüne. Um jedem Kind die gleiche Chance zu geben, muß bei der Vorbereitung darauf geachtet werden, daß jede Sorte Material nur in der gleichen Anzahl von Farben vorhanden ist, also alles nur in 2 (später auch in 3 oder 4) Farben. Bei der Zusammenstellung des Materials für diese Spielform können nur Dinge genommen werden, die in mehreren klaren Farben vorhanden sind, also keine Tierchen oder Steine usw.

Man kann das Spiel auch so spielen, daß die Kinder ihre Gegenstände nicht noch einmal nach der Farbe, sondern nach der Form teilen müssen: Susanne muß also ihre Stäbchen nach der Länge ordnen, Martin seine Tierchen in Kühe, Schafe und Hunde sortieren. Bei der Zusammenstellung des Materials für diese Art des Spiels kann man Dinge, die sich nicht durch verschiedene Form unterscheiden, nicht nehmen, wie z. B. Muggelsteine oder Perlen, es sei denn, sie hätten verschiedene Größen.

Das Spiel kann noch schwerer werden, wenn nach Art, Form und Farbe sortiert werden muß.

Andere Spielform:

Das Spiel kann auch nur mit einer Sorte Material gespielt werden, die nach Form und Farbe geordnet werden muß, z. B. mit Legetafeln oder Legestäbchen.

75. Faden legen

Lernziel: Formen erkennen
Material: Woll- oder Baumwollfäden, Spielmarken

Anzahl der Kinder: 2—8
Vorbereitung: Man schneidet etwa 35 bis 40 cm lange Woll- oder Baumwollfäden zu und knotet sie zu einer Schlinge zusammen. Die Enden der Fäden werden knapp abgeschnitten. Die Fäden werden angefeuchtet.

Spielregel:

Jedes Kind bekommt einen nassen Faden und legt ihn vor sich auf den Tisch.
Der Erwachsene nennt eine einfache Form, etwa: „Dreieck". Sofort versuchen alle Kinder, ihren nassen Faden zu einem Dreieck auseinanderzuziehen. Wer zuerst die gewünschte Form hat, bekommt eine Spielmarke.

Es wird eine neue Form angesagt. Die Kinder versuchen, aus der Dreiecksform die neue Form zu schaffen.
Wer zuletzt die meisten Spielmarken hat, hat gewonnen.

Geeignete Formen:

Kreis,	Ei,	Mond,
Dreieck,	Zitrone,	Stern,
Quadrat,	Banane,	Haus,
Rechteck,	Birne,	Zelt,
Rhombus,	Brot,	Auto,
Fünfeck,	Ball,	Männchen,
Sechseck,	Tennisschläger,	Drachen,
Halbkreis,	Blume,	Maus,
Oval,	Blatt,	Glocke,
Acht,	Tanne,	Schlüssel,
Null,	Löffel,	Schüssel.

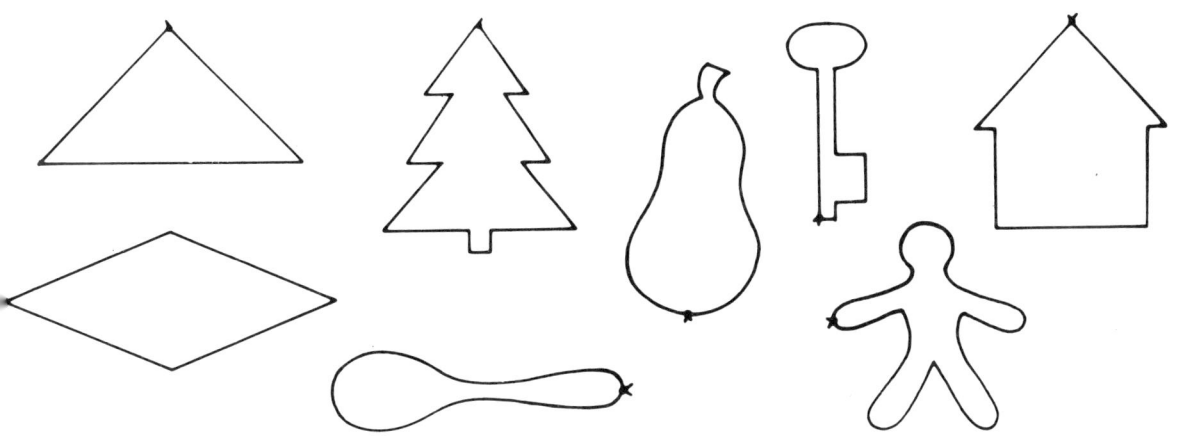

76. Taschen austeilen

Lernziel: Tastsinn, beobachten, erkennen
Material: Die Frühstückstaschen der Kinder, große
   Papiertüte

Anzahl der Kinder: 5—25

Spielregel:

Christina sitzt auf einem Stuhl. Ihr wird eine Papiertüte über den Kopf gezogen, damit sie nichts sehen kann. Rechts neben ihr steht der Korb mit den Frühstückstaschen, links neben ihr steht Lukas.
Christina zieht mit der rechten Hand eine Tasche aus dem Korb und tastet sie mit beiden Händen ab. Sie soll erkennen, wem die Tasche gehört. Hat sie den Besitzer richtig erkannt, trägt Lukas die Tasche zu ihm. Hat Christina den Besitzer nicht erkannt, hängt sich Lukas die Tasche um.
Sind alle Taschen aus dem Korb herausgenommen, nimmt Christina die Tüte ab. Lukas legt die nicht erkannten Taschen wieder in den Korb. Ein anderes Kind nimmt Christinas Platz ein und verteilt die restlichen Taschen auf dieselbe Art.

Andere Spielform:

Werden die Frühstückstaschen nicht in einem Korb aufbewahrt, sondern hängen an einem Ständer, rollt man den Ständer hinter Christinas Platz. Christina legt die Hände auf den Rücken. Lukas nimmt eine Tasche vom Ständer und legt sie Christina in die Hände, die sie nicht nach vorn ziehen darf. Sie muß die Tasche hinter sich abtasten und den Besitzer nennen. Hat sie den Besitzer gefunden, bringt ihm Lukas die Tasche, oder der Besitzer darf sie sich holen. Lukas nimmt die nächste

Tasche vom Ständer. Erkennt Christina den Besitzer nicht, hängt Lukas sich die Tasche um.
Ist der Taschenständer leer, hängt Lukas die umgehängten Taschen wieder auf. Ein anderes Kind verteilt den Rest der Taschen auf dieselbe Art.

77. Kugeln treiben

Lernziel: Geschicklichkeit, Farbkenntnisse
Material: Zwei Schachteln, Quarkbecher, bunte
   Kugeln, Eierlöffel

Anzahl der Kinder: 4—12
Vorbereitung: Aus zwei möglichst gleich großen Schachteln wird auf jeder der vier Seiten ein „Tor" ausgeschnitten. Für jedes mitspielende Kind wird ein sauber ausgewaschener Quarkbecher auf 2 cm Höhe abgeschnitten. In seinen Rand wird eine 2 cm breite Lücke eingeschnitten. Für jedes Kind werden fünf Kugeln und ein Eierlöffel in der gleichen Farbe vorbereitet.

Spielregel:
Das Spiel ist ein Gruppenwettspiel. Die Kinder sitzen je zur Hälfte um einen Tisch. In der Mitte jeden Tisches wird eine der beiden Schachteln mit den ausgeschnittenen Toren umgedreht aufgestellt. Jedes Kind bekommt einen abgeschnittenen Quarkbecher, dessen Lücke nach der Innenseite des Tisches gedreht wird. In jeden Becher werden fünf Kugeln gelegt. Jedes Kind hat eine andere Farbe. Der Eierlöffel, den es bekommt, hat die gleiche Farbe wie seine Kugeln.

Der Erwachsene gibt ein Startzeichen. Die Kinder beginnen gleichzeitig, eine Kugel mit dem Eierlöffel aus ihrem Quarkbecher hinaus- und in die Schachtel durch eines der Tore hineinzutreiben.

60

Sie müssen darauf achten, daß sie die Kugel nicht so stark treiben, daß sie auf die Erde fällt oder, wenn sie ins Tor getrieben wird, auf der anderen Seite wieder hinausrollt. Es darf immer nur eine Kugel zur gleichen Zeit getrieben werden. Heruntergefallene Kugeln müssen aufgehoben und wieder in den Quarkbecher gelegt werden. Jedes Kind muß zuerst die Kugeln seiner Farbe treiben, darf dann aber den anderen Kindern seiner Gruppe helfen. Die Kinder dürfen ihren Platz verlassen und um den Tisch herumgehen, müssen aber darauf bedacht sein, sich gegenseitig nicht zu stören. Der Tisch, der zuerst sämtliche Kugeln in der Schachtel hat, hat gewonnen.

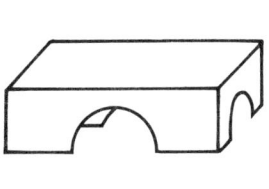 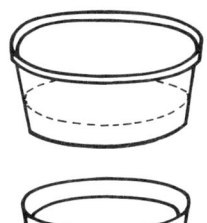

78. Die Hände bauen

Lernziel: Geschicklichkeit, Tastsinn

Material: Lego- oder andere Steckbausteine, ein bis zwei Tischtücher, Materialschalen

Anzahl der Kinder: 2—12

Vorbereitung: Für jedes Kind wird eine Materialschale mit 6 bis 8 Lego- oder anderen Steckbausteinen vorbereitet. Anfangs sollen die Bausteine alle von der gleichen Größe sein, später kann jedes Kind auch zwei oder drei verschiedene Größen bekommen. Für je vier bis sechs Kinder muß eine Decke zum Zudecken des Tisches bereitgelegt werden.

Spielregel:

Die Kinder sitzen um einen oder zwei Tische. Jedes Kind bekommt eine Materialschale mit den Legosteinen. Die Kinder halten mit beiden Händen ihre Schale auf dem Tisch fest, während der Erwachsene die Decke über Tisch und Schalen ausbreitet. Nun können die Kinder die Schale nicht mehr sehen, behalten aber die Hände unter der Decke.

Auf ein Zeichen hin fangen die Kinder an, ihre Bausteine unter der Decke zusammenzustecken. Wer fertig ist, läßt seine zusammengesteckten Bausteine neben der Schale liegen und zieht die Hände vorsichtig unter der Decke hervor. Zum Zeichen, daß er fertig ist, hebt er die Hände hoch. Der Erwachsene stellt die Reihenfolge der Beendigung der Aufgabe fest. Sind alle Kinder eines Tisches fertig, wird die Decke vorsichtig abgenommen und kontrolliert, wer die Aufgabe richtig gelöst hat. Von den Kindern, deren Steine richtig zusammengesteckt sind, hat der gewonnen, der zuerst fertig war. Später kann man die Zahl der Steckbausteine erhöhen und verschieden große Steine verwenden, aber jedes Kind muß die gleiche Anzahl und die gleichen Arten haben.

Andere Spielformen:

Das Spiel kann auch als Gruppenwettspiel gespielt werden. Ein Tisch spielt gegen den anderen oder drei Tische spielen gegeneinander. Alle Kinder eines Tisches müssen fertig sein, bevor die Decke abgenommen werden darf. Der Tisch hat gewonnen, der keine Fehler gemacht hat und zuerst fertig war. Ausschlaggebend ist aber nicht die Schnelligkeit, sondern das fehlerfreie Resultat.

Man kann das gleiche Spiel auch mit Steckblümchen, Rosetten, Steckperlen oder Kettengliedern usw. spielen.

79. Stäbchen ordnen

Lernziel: Größenunterschiede erkennen, Tastsinn
Material: Legestäbchen verschiedener Größen, Materialschalen, eine oder zwei Decken oder Tischtücher

Anzahl der Kinder: 2—12
Vorbereitung: In Materialschalen werden für jedes Kind neun Stäbchen bereitgestellt — je drei in einer Größe: lang, mittel, kurz. Die Farben sind gleich.

Spielregel:

Die Materialschalen mit Stäbchen werden schon auf dem oder den Tischen verteilt, bevor die Kinder kommen. Die Decke oder die Decken werden darüber gebreitet, so daß die Kinder nicht sehen können, welche Aufgabe auf sie wartet.
Es wird ihnen erklärt, daß sie etwas in den Materialschalen unter den Tüchern finden werden, das sie nach seiner Länge — lang, mittel, kurz — sortieren und in drei Häufchen neben ihre Schale legen sollen, und zwar ein Häufchen links, eines rechts und eines hinter die Schale.
Nach einem Zeichen zum Anfangen greifen die Kinder vorsichtig unter die Decke und beginnen zu sortieren. Wer fertig ist, zieht die Hände langsam wieder unter der Decke hervor. Wenn alle Kinder eines Tisches fertig sind, wird die Decke vorsichtig abgenommen. Man muß darauf achten, daß die Stäbchen nicht zusammengeschoben oder verstreut werden. Es wird kontrolliert, wer die Aufgabe richtig gelöst hat. Von den Kindern, die die Aufgabe richtig gelöst haben, ist das Sieger, das zuerst fertig war.

Erschwerte Spielformen:

Es müssen vier verschiedene Größen sortiert werden.
Noch schwerer wird das Spiel, wenn auch ein oder mehrere Gegenstände erkannt werden müssen, die eine ähnliche Form haben, aber keine Legestäbchen sind: lange schmale Legetafeln, halbe Legeringe, Streichhölzer, Blumenstengel oder Ästchen, Zahnstocher, Bleistifte usw.

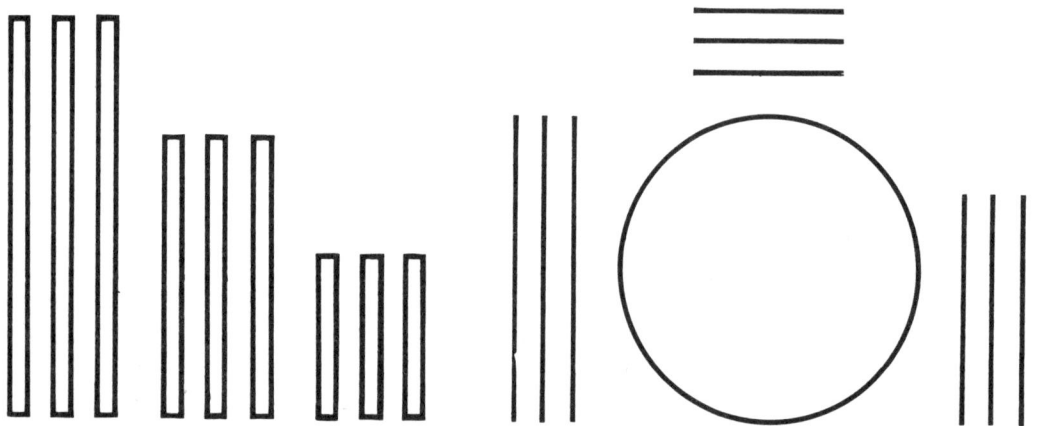

80. Stäbchen sammeln (F)

Lernziel: Größenunterschiede, Farb- und Formkenntnisse, Geschicklichkeit
Material: Legestäbchen verschiedener Farben in
drei verschiedenen Längen, evtl. Reifen oder
Steine

Anzahl der Kinder: 2—12
Vorbereitung: Bereitstellung des Materials

Spielregel:

Auf einem Tisch am Ende eines größeren Raums
oder im Freien auf der Erde wird eine große Anzahl Legestäbchen in verschiedenen Farben und
in drei Längen kreuz und quer, nicht zu dicht,
aufgelegt.
Die Kinder sitzen fünf bis acht Meter entfernt in
einer Reihe. Im Freien können sie bis 20 m entfernt stehen. Ihr Platz wird markiert durch einen
Gymnastikreifen, in dem sie stehen, oder durch
einen größeren Stein neben ihren Füßen.
Jedem Kind wird leise eine Farbe gesagt, die es
sich gut merken muß. Es können auch mehrere
Kinder dieselbe Farbe haben. Diese Farbe muß
aber bei den Stäbchen vorhanden sein, im all-
gemeinen wird es also rot, blau, gelb und grün
sein.
Dann wird den Kindern die Spielregel erklärt:
Auf ein Zeichen des Erwachsenen hin laufen sie
zum Tisch oder zu dem Platz mit den Stäbchen und
holen sich ein Stäbchen in der Farbe, die ihnen
genannt wurde. Sie laufen damit schnell zu ihrem
Stuhl oder im Freien zu ihrem markierten Platz
und legen das Stäbchen dort ab. Dann laufen sie
wieder zum Tisch und holen ein zweites Stäbchen, das die gleiche Farbe, aber eine andere

Länge haben muß. Dann holen sie ein drittes
Stäbchen, wieder in anderer Länge. Jedes Kind
muß also zuletzt drei Stäbchen in seiner Farbe,
aber in verschiedener Länge haben.
Hat ein Kind die Länge nicht abschätzen können
und ein Stäbchen gleicher Länge mitgebracht, so
darf es dieses Stäbchen wieder zurückbringen
und ein anderes holen. Bei einem Lauf darf aber
immer nur ein Stäbchen geholt werden.
Wer glaubt, drei richtige Stäbchen geholt zu haben, stellt sich hinter seinen Stuhl oder auf seinen Platz neben seine Stäbchen. Sind alle Kinder
fertig, wird gemeinsam festgestellt, wer die Aufgabe richtig gelöst hat. Wer sich in der Anzahl,
der Farbe oder der Länge der Stäbchen geirrt hat,
ist Verlierer und muß ein Pfand geben. Sieger ist,
wer zuerst fertig war und dabei keinen Fehler gemacht hat.

Andere Spielform:

Die Kinder holen nicht Stäbchen, sondern verschieden große Legeringe der gleichen Farbe
oder Legetafeln in drei verschiedenen Formen:
Kreis, Dreieck, Quadrat der gleichen Farbe oder
auch Bausteine verschiedener Formen und Größen.

Erschwerte Spielformen:

Das Spiel wird mit Bewegungsübungen verbun-
den. Das Kind muß auf dem Hinweg oder auch auf
beiden Wegen hüpfen oder kriechen, oder es muß
Hindernisse überwinden, wobei es das Stäbchen
nicht verlieren darf.
Das Spiel wird mit Geschicklichkeitsübungen ver-
bunden: Das Stäbchen muß auf dem Kopf, auf
dem flachen Handrücken, auf einem Brettchen
oder flachen Teller getragen werden.
Läßt man Bausteine holen, kann zur Bedingung

gemacht werden, daß sie zu einem Turm aufgesetzt werden müssen, und zwar auf dem Stuhl oder dem Standplatz des Kindes.

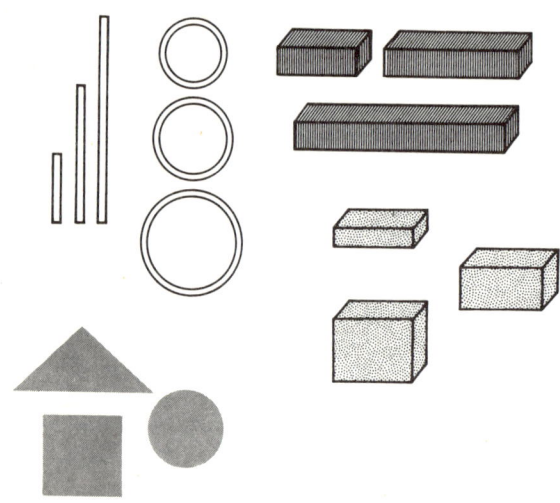

81. Kugeln sortieren

Lernziel: Geschicklichkeit, Farben erkennen
Material: Kugeln in verschiedenen kräftigen Farben, Materialschalen, Eierlöffel

Anzahl der Kinder: 4—12
Vorbereitung: Auf zwei großen flachen Schalen oder auf Deckeln großer Schachteln wird eine Anzahl bunter Kugeln vorbereitet. Jede Schale muß so viele Farben enthalten, wie Kinder in einer Gruppe mitspielen. Jede Farbe muß sechs- bis zwölfmal vorhanden sein, je nach der

Geschicklichkeit und dem Alter der Kinder. Jede Schale enthält also z. B. bei einer Mitspielerzahl von zweimal fünf Kindern fünf verschiedene Farben und von jeder Farbe 6 bis 12 Kugeln.

Außerdem wird für jedes Kind ein Eierlöffel bereitgelegt, und zwar in den gleichen Farben, die die Kugeln haben.

Spielregel:
Das Spiel kann als Einzelwettspiel gespielt werden, macht aber mehr Spaß als Gruppenwettspiel.
Man teilt die Kinder in zwei gleich große Gruppen. Jede Gruppe sitzt an den zwei Längsseiten eines Tisches. In die Mitte des Tisches stellt man die Schale mit den Kugeln.
Jedes Kind bekommt einen Eierlöffel. Dem Kind wird erklärt, daß die Farbe seines Eierlöffels auch die Farbe der Kugeln hat, die es aussortieren soll. Jedes Kind desselben Tisches muß eine andere Farbe haben. Am zweiten Tisch können sich die Farben wiederholen, wenn man nicht genügend verschiedene Farben hat.
Die Kinder stehen auf und schieben ihre Stühle drei bis vier Schritte hinter sich zurück. Der Erwachsene muß darauf achten, daß die Abstände der Stühle vom Tisch gleichmäßig sind. Auf jeden Stuhl wird eine Materialschale gestellt.
Der Erwachsene gibt das Startzeichen. Die Kinder fischen mit ihrem Löffel eine gleichfarbige Kugel aus der Schale und tragen sie vorsichtig zu ihrem Stuhl. Sie legen sie in die Materialschale. Dann gehen sie wieder zurück und holen die zweite Kugel ihrer Farbe usw. Fällt eine Kugel auf die Erde, so muß sie wieder aufgehoben und in die große Schale zurückgelegt werden.
Der Erwachsene muß darauf achten, daß die Kinder genügend Abstand voneinander haben, damit

sie sich nicht gegenseitig stoßen. Bei einem Gruppenwettspiel wird aber kein Kind mit Absicht stoßen, weil es daran interessiert ist, daß alle Kinder seiner Gruppe schnell fertig werden.

Die Gruppe, die zuerst alle Kugeln sortiert und keinen Fehler gemacht hat, hat gewonnen. War eine Gruppe zuerst fertig, hat aber nicht fehlerfrei sortiert, so hat die Gegenpartei gewonnen.

Stellung der Kinder:

82. Bauklötze sammeln (F)

Lernziel: Gedächtnisübung, Farb- und Formkenntnisse, Geschicklichkeit
Material: Bauklötze verschiedener Formen und Farben

Anzahl der Kinder: 2—12
Vorbereitung: Bereitstellung des Materials

Spielregel:

In einen großen Kreis, der durch Kreide oder Schnur markiert ist, werden für jedes mitspielende Kind sechs Bausteine der gleichen Form gelegt, also für ein Kind 6 Würfel, für ein anderes 6 Quader oder 6 Pyramiden usw. Jedem Kind wird gesagt, welche Art Bausteine es sammeln soll. Jüngeren Kindern kann man einen seiner Bausteine kurz zeigen. Ältere Kinder, denen die Bezeichnungen für geometrische Formen geläufig sind, macht man darauf aufmerksam, daß sie sich die genannten Formen selbst merken müssen. Zur leichteren Unterscheidung kann man auch farbige Bausteine benutzen, also 6 rote Würfel, 6 gelbe Quader, 6 grüne Pyramiden usw.

Die Kinder sitzen oder stehen in einer Entfernung von etwa 5 bis 6 m rings um den Kreis. Wenn sie nicht auf Stühlen sitzen, muß ihr Platz bezeichnet werden.

Der Erwachsene gibt das Zeichen zum Beginn. Die Kinder laufen zum Kreis in der Mitte und holen dort einen ihrer Bausteine. Sie müssen ihn nach dem Gedächtnis erkennen. Sie bringen ihn so schnell wie möglich zu ihrem Platz, legen ihn auf den Stuhl oder auf die bezeichnete Stelle. Dann laufen sie wieder und holen den zweiten Baustein der gleichen Art usw. Wer zuerst seine 6 Bausteine auf seinem Platz hat, hat gewonnen.

Erschwerte Spielformen:

Das Spiel wird schwerer, wenn die Kinder mehr als 6 Bausteine sammeln müssen.

Die Kinder müssen nicht *eine* Art Bausteine sammeln, sondern jedes Kind muß von jeder vorhandenen Form und Farbe einen Stein auf seinen Platz bringen.

Die Kinder müssen bestimmte Aufgaben mit dem Holen der Bausteine verbinden: Die Bausteine müssen zu einem Turm aufgebaut oder in einem Körbchen getragen werden; das Kind muß Fausthandschuhe anziehen oder von seinem Platz aus zuerst noch einmal rings um den äußeren Kreis laufen und darf den Stein erst dann ablegen usw.

Andere Spielform:
Das Spiel kann auch als Gruppenwettspiel gespielt werden, dann mit 4 bis 16 Kindern in zwei Gruppen:

Die Kinder stehen in zwei Halbkreisen um den Mittelkreis. (Mit großer Kinderzahl spielt man das Spiel am besten im Freien.) Der Abstand der Kinder vom Mittelkreis darf größer sein. Man kann das Spiel so spielen, daß jedes Kind eine besondere Form bekommt, die es holen muß. Die Gruppe gewinnt, deren sämtliche Kinder ihre Bausteine zuerst auf ihre Plätze gebracht und keinen Fehler gemacht haben. Oder aber es bekommt jede Gruppe nur eine Bausteinform. Im Kreis liegen also nur zwei verschiedene Formen, aber in großer Anzahl. Alle Kinder einer Gruppe sammeln die gleichen Bausteine. Die Gruppe, die zuerst fertig ist, ist Sieger.
Auch bei dieser Spielform lassen sich besondere Aufgaben mit einbauen, z. B.: gemeinsames Bauen einer Figur mit sämtlichen Bausteinen einer Gruppe, Holen eines Bausteins nur durch zwei Kinder, die sich angefaßt haben, oder Holen der Bausteine mit Spielautos usw.

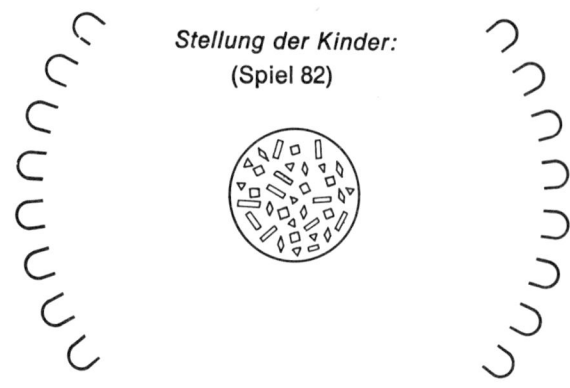

Stellung der Kinder:
(Spiel 82)

83. Der, die, das (F)

Lernziel: Sprachbildung, erste Grammatik
Material: Ball

Anzahl der Kinder: 3—15

Spielregel:

Die Kinder bilden einen Kreis. Martin bekommt einen Ball und geht in die Mitte des Kreises. Er wirft Sabine den Ball zu und nennt einen Gegenstand in der Einzahl und ohne Artikel, z. B. „Tisch". Sabine muß den Ball auffangen und dabei den richtigen Artikel vor das Wort setzen. Sie sagt also: „Der Tisch". Sie geht nun in die Mitte des Kreises, während Martin ihren Platz einnimmt. Sabine wirft Barbara den Ball zu und nennt ein neues Wort. Kann Barbara den richtigen Artikel nicht nennen, muß sie ein Pfand geben. Dann darf Sabine den Ball noch einmal werfen.
Haben die Kinder das Spiel gut verstanden, können auch Wörter in der Mehrzahl genannt werden, z. B. „Häuser". Das Kind, dem der Ball zugeworfen wurde, muß dann antworten: „Die Häuser". Ein- und Mehrzahl können sich auch abwechseln.

84. Zettel sammeln

Lernziel: Zuordnen, Begriffsbildung
Material: Papierreste

Anzahl der Kinder: 3—15
Vorbereitung: Papierreste werden in kleine läng-
liche Zettel geschnitten, etwa von der Größe
eines Kassenbons. Man braucht eine reichliche
Anzahl dieser Zettel.

Spielregel:

Die Kinder stehen oder sitzen im Kreis. Der Erwachsene stellt Fragen. Die Kinder antworten der
Reihe nach. Für jede richtige Antwort bekommen
die Kinder einen Zettel. Wer zuletzt die meisten
Zettel gesammelt hat, hat gewonnen.
Der Erwachsene sagt: „Wir wollen am Sonntag
einen Ausflug machen. Mit welchem Fahrzeug
können wir fahren?" Die Kinder antworten: „Wir
können mit dem Zug fahren. Wir können mit dem
Auto fahren . . ."

Weiß kein Kind mehr eine Antwort, stellt der Erwachsene die nächste Frage.

Einige Fragen:

Die Mutter will in Martins Hose ein Loch flicken.
Was braucht sie dazu?
Was braucht der Vater zum Briefeschreiben?
Was braucht die Mutter, wenn sie Wäsche auf-
hängen will?
Was hängt sie auf?
Was braucht das Schulkind in der Schule?
Was braucht der Vater, wenn er im Garten ar-
beitet?
Was brauchen wir, wenn wir den Tisch decken?
Was braucht die Mutter zum Putzen?

Die Mutter will einen Kuchen backen. Was braucht
sie?
Was wächst im Blumengarten?
Was wächst im Gemüsegarten?
Welche Früchte wachsen im Obstgarten?
Wir machen einen Spaziergang in den Wald. Was
sehen wir?
Wir gehen zum Bahnhof. Was sehen wir?
Wir gehen in den Zoo. Was sehen wir dort?
Was kann man in einem Lebensmittelgeschäft
einkaufen?
Wir wollen verreisen. Was packt die Mutter in die
Koffer?
Was gibt es im Küchenschrank?
Was gibt es im Kühlschrank? usw.

85. Such das gleiche!

Lernziel: Erkennen, beobachten, Augenmaß
Material: Lege- und Beschäftigungsmaterial aller
Art wie Legetafeln, Bausteine, Stäbchen, Buntstifte, Faltblätter, Perlen usw., alles in verschiedenen Farben und Formen; Materialschalen oder Körbchen, die selbstgebastelt sein
können.

Anzahl der Kinder: 2—16
Vorbereitung: Auf einem Tisch legt man eine ganze Reihe von Gegenständen aus, z. B. eine rote
quadratische Legetafel, ein Steckbrett mit 25
Löchern, ein grünes Faltblatt 10×10 cm, einen
langen blauen Buntstift usw. Je nach der Anzahl der Kinder müssen 10 bis 30 Gegenstände
ausgelegt werden.
Auf einem zweiten Tisch werden genau die
gleichen Dinge noch einmal ausgelegt, aber in
anderer Anordnung. Hier wird jeder Gegenstand

durch je zwei oder drei ähnliche ergänzt. Ähnlich wie eine rote quadratische Legetafel ist z. B. eine blaue quadratische Legetafel oder eine rote runde Legetafel. Einem langen blauen Buntstift ähnlich sind ein langer roter und ein kurzer blauer Buntstift. Ein Steckbrett mit 25 Löchern wird ergänzt durch eins mit 81 und eins mit 100 Löchern, zu einem grünen Faltblatt 10×10 cm kommt ein grünes Faltblatt 14×14 cm und ein gelbes 10×10 cm usw. Alle Gegenstände werden gut gemischt über den ganzen Tisch verteilt. Eine Decke wird darübergebreitet.

Spielregel:

Jedes Kind bekommt eine Materialschale oder ein Körbchen. Ein Kind nach dem anderen geht an dem nicht zugedeckten Tisch vorüber und sucht sich einen der dort ausgelegten Gegenstände aus. Es legt ihn in seinen Korb.

Nun wird der zweite Tisch aufgedeckt. Wieder geht ein Kind nach dem anderen an diesem Tisch vorbei und sucht nun aus der Fülle der Dinge den gleichen Gegenstand wie den in seinem Körbchen heraus. Es darf den ersten Gegenstand nicht zum Vergleich aus seinem Korb nehmen, sondern muß abschätzen, welches der gleichartige Gegenstand sein könnte. Es muß auf die drei Merkmale achten: gleiche Größe, gleiche Form und gleiche Farbe. Glaubt es, den Gegenstand gefunden zu haben, legt es ihn auch in seinen Korb.

Nun geht es zu dem Erwachsenen und zeigt ihm beide Gegenstände. Sind es genau die gleichen Gegenstände, darf es sie behalten. Hat es einen falschen Gegenstand ausgesucht, muß es sie abgeben. Der Erwachsene legt sie wieder auf die beiden Tische, von denen sie genommen wurden. Haben alle Kinder einen Gegenstand ausgesucht, beginnt die zweite Runde.

Spielen viele Kinder mit, müssen die Gegenstände nach einigen Runden ergänzt werden.

Wer nach einer vereinbarten Reihe von Durchgängen die meisten Gegenstände in seinem Korb hat, hat gewonnen.

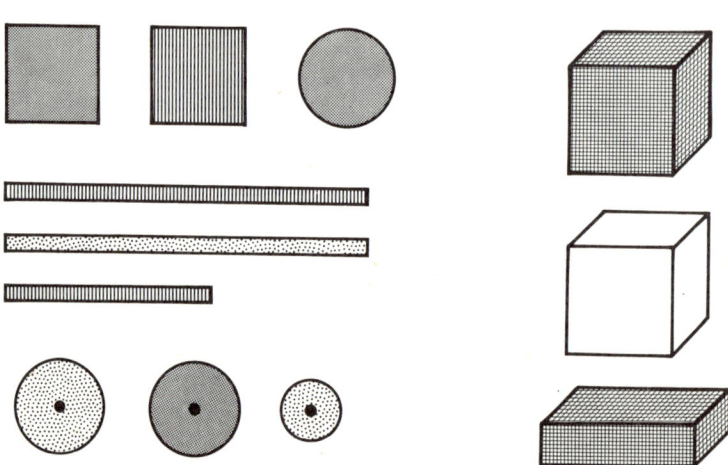

86. Punktblätter

Lernziel: Farben- und Formenkenntnisse, Vertiefung von Zahlenbegriffen
Material: Faltblätter in den vier Farben des Farbwürfels außer schwarz und weiß, Scheren, Bleistifte oder bunte Filzstifte, Farb- oder Zahlenwürfel

Anzahl der Kinder: 4, 8 oder 12
Vorbereitung: Bereitstellung des Materials

Spielregel:
Jedes Kind bekommt ein Faltblatt in einer Farbe des Farbwürfels, also ein Kind rot, eines blau, eines gelb und eines grün. Spielen mehrmals vier Kinder mit, so erhalten zwei oder drei Kinder die gleiche Farbe. Jedes Kind nennt seine Farbe: Ich habe ein rotes Faltblatt usw. Jedes Kind bekommt eine Schere.
Die Kinder falten unter Anleitung ihr Faltblatt einmal längs und einmal quer. Es entstehen vier kleine Quadrate. Das Faltblatt wird auf den Bruchlinien auseinandergeschnitten. Nun hat jedes Kind vier kleine Quadrate derselben Farbe.
Der Erwachsene sagt jedem Kind der Reihe nach eine Zahl zwischen eins und vier. Spielen mehr als vier Kinder mit, so wiederholen sich die Zahlen ein- oder zweimal.
Mit einem Bleistift oder einem dunklen Filzstift malt nun jedes Kind die Zahl, die ihm genannt wurde, in Punkten auf jedes seiner kleinen Quadrate. Elisabeth z. B. malt auf jedes ihrer roten Quadrate einen Punkt, Thomas auf seine blauen je zwei, Susanne auf ihre gelben je drei und Martin auf seine grünen je vier Punkte.
Dann legen alle Kinder ihre vier Quadrate in die Mitte des Tisches. Scheren und Bleistifte werden eingesammelt.

Die Kinder würfeln reihum mit einem Farbwürfel. Wer rot würfelt, darf eins von Elisabeths roten Quadraten mit einem Punkt nehmen und auf seinen Platz legen. Wer blau würfelt, darf ein blaues Quadrat mit 2 Punkten nehmen. Würfelt ein Kind beim zweiten oder einem weiteren Durchgang eine Farbe, die es schon hat, gibt es den Würfel weiter, ohne etwas nehmen zu können. Ebenso geht es ihm, wenn es schwarz oder weiß würfelt. Wer vier Quadrate in verschiedenen Farben und mit verschiedener Punktzahl hat, legt sie zu einem großen Quadrat zusammen, das nun wieder so groß ist wie vorher das unzerschnittene Faltblatt. Wer dieses große Quadrat zuerst zusammen hat, ist Sieger.

Andere Spielformen:

Statt mit einem Farbwürfel spielt man mit einem Zahlenwürfel. Dann orientiert sich das Kind nicht nach der Farbe, sondern nach der Punktzahl. Es muß vier kleine Quadrate mit verschiedener Punktzahl haben, um das große Quadrat zusammenlegen zu können. Es hat dann wieder alle vier Farben. Beim Wurf von 5 und 6 kann es wie vorher bei schwarz und weiß kein Quadrat nehmen und gibt den Würfel weiter.
Das Spiel kann auch als Gruppenwettspiel gespielt werden. Zwei- oder dreimal vier Kinder spielen an zwei oder drei Tischen. Gewonnen hat dann die Gruppe, deren sämtliche Kinder zuerst ihre großen Quadrate zusammengesetzt haben.

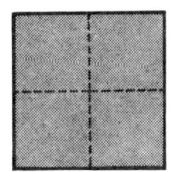 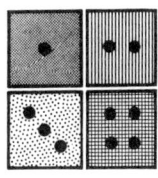

87. Puzzle-Lotto

Lernziel: Beobachten und erkennen, Gedächtnisübung
Material: Bildpostkarten, Scheren

Anzahl der Kinder: 3—7
Vorbereitung: Bildpostkarten mit kindlichen, gut erkennbaren Motiven werden auf der Rückseite durch Bleistift- oder Buntstiftstriche in sechs bis acht, später auch in mehr gleiche Felder geteilt.

Spielregel:

Es werden Scheren ausgeteilt. Jedes Kind bekommt eine Postkarte. Es wird aufgefordert, sich die Karte gut anzuschauen; dann muß es kurz erzählen, was es auf der Karte sieht.
Nun zerschneiden die Kinder entlang der auf der Rückseite aufgezeichneten Linien ihre Karte in sechs oder acht Teile. Die Scheren werden wieder eingesammelt. Alle ausgeschnittenen Einzelteile werden gemischt und in eine Schale auf der Mitte des Tisches gelegt.
Ein Kind darf wie beim Lotto austeilen. Es legt ein Puzzle-Teil so auf den Tisch, daß es alle Kinder gut sehen können. Die Kinder müssen nach dem Gedächtnis ihre Teile wiedererkennen. Erkannte Teile nehmen sie zu sich und versuchen, ihr Bild wieder zusammenzusetzen.
Wird ein Einzelteil von keinem Kind erkannt, so zählt das austeilende Kind langsam bis 5. Hat sich noch niemand für dieses Bildteil gemeldet, wird es in eine leere Schale oder Schachtel gelegt.
Sind alle Teile einmal aufgelegt worden, so werden die nicht erkannten Teile noch einmal gezeigt. Jetzt, wo die Kinder meistens einen An-

fang ihres Bildes haben, werden sie leichter erkannt.
Wer zuerst sein Bild zusammengesetzt hat, ist Sieger und darf beim nächsten Spiel austeilen. Die Kinder tauschen ihre zusammengesetzten Bilder untereinander aus oder tauschen ihre Plätze. Sie sehen sich die neuen Bilder gut an und legen dann die Einzelteile wieder in die Schale, wo sie gut gemischt werden.

Leichtere Spielform:

Zur Erleichterung kann man auf der Rückseite jedes Einzelteils ein Zeichen anbringen, z. B. einen roten Kreis oder ein blaues Kreuz usw. Jedes Bild bekommt ein anderes Zeichen. Erkennen die Kinder ihre Teile auch beim zweiten Durchgang nicht, werden die Teile umgedreht und von der Rückseite gezeigt. Das Kind hat sich vorher vergewissert, welches Zeichen seine Bildteile tragen, und kann sie nun daran erkennen.

88. Wochentage

Lernziel: Reihenfolge der Wochentage lernen, Kenntnisse und Wortschatz erweitern
Material: Kugeln oder Muggelsteine, Materialschalen

Anzahl der Kinder: 2—10, aber nicht 7
Vorbereitung: Bereitstellung des Materials

Spielregel:

Jedes Kind bekommt eine Materialschale mit 3 oder 4 Muggelsteinen oder Kugeln. In die Mitte des Tisches wird eine leere Schale gestellt.

Die Kinder sitzen rund um den Tisch. Sie nennen reihum jedes den Namen eines Wochentags in der richtigen Reihenfolge, fangen also mit Montag an und wiederholen die Reihenfolge fortlaufend. Wenn also ein Kind „Sonntag" gesagt hat, folgt das nächste gleich wieder mit „Montag". Zuerst wird langsam gespielt, nach einiger Übung wird das Tempo des Spiels immer mehr gesteigert. Weiß ein Kind nicht gleich den Wochentag, den es nennen soll, zählen die anderen Kinder bis 3. Weiß es ihn auch dann noch nicht oder sagt es einen falschen Tag, muß es einen seiner Muggelsteine in die Schale in der Mitte des Tisches legen. Wer alle seine Muggelsteine abgeben mußte, scheidet aus dem Spiel aus.

Spielen mehr als sieben Kinder mit und das achte soll gerade ausscheiden, so spielt es noch so lange mit, bis ein weiteres Kind ausscheiden muß, denn mit sieben Kindern kann das Spiel nicht sinnvoll gespielt werden. Es scheiden dann also zwei Kinder zusammen aus. Man kann das Spiel so lange spielen, bis nur noch ein Kind übrig ist, das dann gewonnen hat. Oder man bricht das Spiel ab, sobald die Kinder im Aufsagen der Wochentage sicher geworden sind. Dann hat das Kind gewonnen, das noch die meisten Muggelsteine in seiner Schale hat.

Andere Spielformen:

Man kann das Spiel auch so spielen, daß die Kinder keine Muggelsteine abgeben, sondern daß sie ein Pfand geben müssen, wenn sie den Namen eines Wochentags nicht nennen können. Dann können sie weiter am Spiel beteiligt bleiben.

Das Spiel endet dann, wenn genügend Pfänder für eine Pfänderverteilung vorhanden sind.

Das gleiche Spiel kann man zum Lernen der Monatsbezeichnungen spielen. Dann sollen höchstens elf Kinder mitspielen (es können in diesem Fall natürlich auch sieben Kinder sein).

89. Viermal drei Stäbchen

Lernziel: Größenverhältnisse, Farbkenntnisse, erstes Multiplizieren
Material: Legestäbchen in drei Längen und vier Farben, Farbwürfel

Anzahl der Kinder: 2—6
Vorbereitung: Man legt in eine größere Materialschale eine genügende Anzahl Legestäbchen in den Farben rot, blau, gelb, grün, jede Farbe wieder in drei verschiedenen Längen. Für jedes Kind müssen diese zwölf verschiedenen Stäbchen vorhanden sein. Außerdem braucht man einen Farbwürfel.

Spielregel:

Die Schale mit den Legestäbchen — für jedes Kind zwölf — steht in der Mitte des Tisches. Es wird reihum gewürfelt. Jedes Kind darf beim Wurf einer der vier oben angegebenen Farben ein Stäbchen der entsprechenden Farbe aus der Schale nehmen und auf seinen Platz legen. Es bleibt ihm überlassen, ob es zuerst ein langes, mittleres oder kurzes Stäbchen wählt. Würfelt das Kind die gleiche Farbe noch einmal, darf es ein anderes Stäbchen der gleichen Farbe heraussuchen. Würfelt es weiß, darf es noch einmal würfeln. Würfelt es schwarz, kann es ein falsches Stäbchen zurückgeben.
Susanne hat z. B. rot gewürfelt und ein rotes langes Stäbchen herausgenommen. Beim nächsten Wurf würfelt sie wieder rot. Nun darf sie noch ein rotes Stäbchen heraussuchen. Sie nimmt

das kurze. Nach einigen Würfen würfelt sie zum drittenmal rot. Jetzt muß sie das mittlere rote Stäbchen suchen.

Thomas hat blau gewürfelt und ein kurzes blaues Stäbchen auf seinen Platz gelegt. Er würfelt noch einmal blau und nimmt wieder ein blaues Stäbchen. Er merkt bald, daß er sich geirrt hat und wieder ein *kurzes* Stäbchen genommen hat. Nun legt er das zweite kurze Stäbchen auf einen besonderen Platz. Würfelt er einmal schwarz, darf er es zurücklegen.

Elisabeth hat schon zwei blaue Stäbchen, und zwar ein langes und ein mittleres. Ihr fehlt nur noch das kurze. Sie hat weiß gewürfelt und darf daher den Wurf wiederholen. Sie würfelt blau.

Aber nun ist kein kurzes blaues Stäbchen mehr in der Schale. Sie darf es sich daher von Thomas geben lassen.

Wer zuerst viermal drei Stäbchen in den richtigen Farben und Längen auf seinem Platz liegen hat, hat gewonnen.

Andere Spielformen:

Man legt in die Schale mehr Stäbchen, als gebraucht werden, so daß die Kinder bis zuletzt Farbe und Länge aus einer ganzen Anzahl aussuchen müssen.

Statt Stäbchen kann man Legetafeln in vier Farben und drei verschiedenen Formen aussuchen lassen.

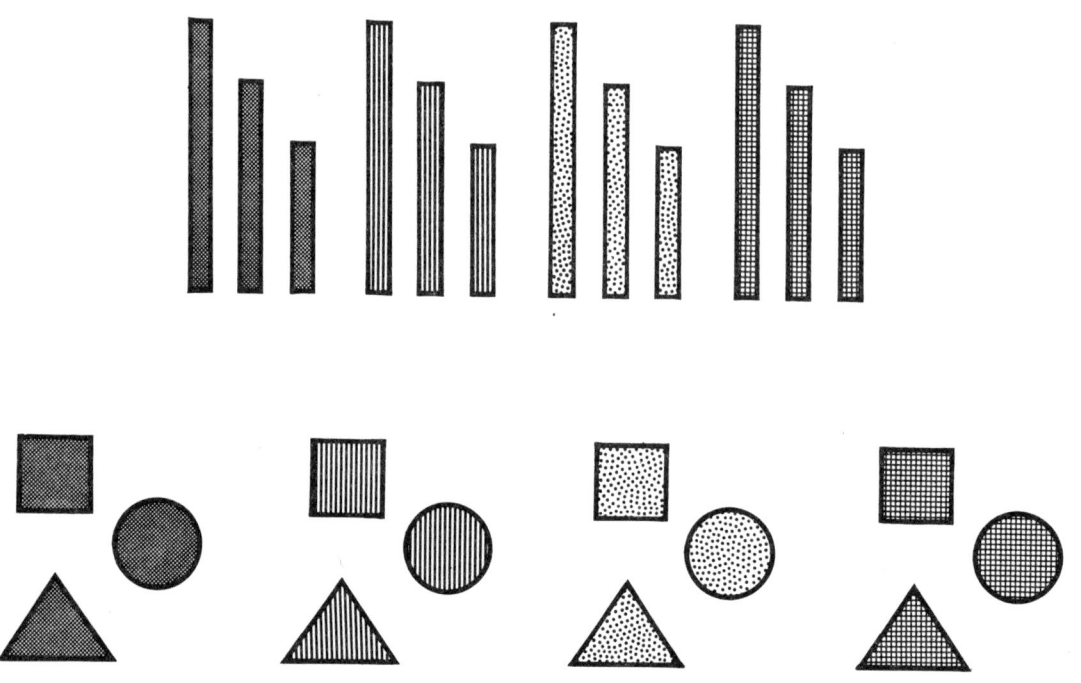

90. Wer hört richtig?

Lernziel: Übung des Gehörs
Material: Dinge des täglichen Gebrauchs wie Gläser, Teller, Löffel, Holzlöffel, Deckel usw., einfache Musikinstrumente

Anzahl der Kinder: 2—20
Vorbereitung: Bereithalten des Materials

Spielregel:

Die Kinder sitzen in ein oder zwei Reihen vor dem Erwachsenen. Sie kehren ihm den Rücken zu und dürfen sich nicht umdrehen. Zur besseren Konzentration schließen sie die Augen oder halten sie mit den Händen zu. Es muß ganz still sein. Hinter den Kindern, neben dem Erwachsenen, liegen auf einem Tisch die Gegenstände, die der Erwachsene zum Erzeugen von Geräuschen vorbereitet hat. Eine Decke ist darüber ausgebreitet. Der Erwachsene nimmt unter dem Tuch einen Gegenstand hervor und macht ein Geräusch. Er klopft z. B. mit einem Löffel auf einen Teller. Das Kind, das dieses Geräusch zuerst richtig geraten hat, darf nun hinter die Kinder treten und ein neues Geräusch machen. Der Erwachsene gibt ihm dazu einen Gegenstand. Es darf nicht selbst etwas unter der Decke herausholen, weil es sonst später nicht mehr mitraten könnte. Das Geräusch wird so lange wiederholt, bis ein Kind es richtig geraten hat.

Geräusche, die ohne Hilfsmittel erzeugt werden können:

Klatschen,
stampfen,
an die Wand klopfen,
an das Fenster klopfen,
an einen Schrank klopfen,
auf die Schuhsohlen klopfen,
auf einen Tisch klopfen,
mit der Faust auf den Tisch klopfen,
mit den Fingernägeln auf den Tisch trommeln,
scharren,
patschen
schnalzen,
pfeifen,
gehen,
marschieren,
springen,
die Hände reiben,
die Fäuste aufeinanderschlagen,
die Ellbogen auf den Tisch aufstützen.

Geräusche mit einfachen Gegenständen:

Bauklotz fallen lassen,
Ball prellen,
Kugel fallen und rollen lassen,
zwei Löffel zusammenschlagen,
Wasser aus einem Becher in eine Schüssel gießen,
Deckel auf Topf legen,
Tasse auf Untertasse stellen,
mit zwei Gläsern anstoßen,
Ticken einer Uhr,
Papier zerreißen,
Stoff zerreißen,
mit einer Schere schneiden,
Streichholz anzünden,
mit Bleistift schreiben,
in einem Buch blättern,
Puppenwagen fahren,
Peitsche knallen,
Kreisel tanzen lassen usw.

Geräusche und Töne mit Instrumenten:

Triangel,
Klanghölzer,
Blocktrommel,
Röhrentrommel,
Tamburin,
Schellentamburin,
Trommel,
Pauke,
Kastagnette,
Glocke,
Spieluhr,
Blockflöte,
Mundharmonika,
Gitarre,
Glockenspiel,
Xylophon,
Metallophon,
Cymbel usw.

91. Wer kann das?

Lernziel: Geschicklichkeit der Hand, beobachten und erkennen, Gedächtnisübung
Material: Faltblätter, Bleistifte, Karton oder Zeitungen, Büroklammern oder Klebestreifen

Anzahl der Kinder: 2—6
Vorbereitung: Man faltet Kartonstreifen von etwa 70 cm Länge und 15 cm Höhe zu dreiteiligen Wänden. Die Seitenwände sollen je 20, die Mittelwand 30 cm lang sein. Statt Karton kann man auch Zeitungen nehmen, die man mehrfach faltet und zur Versteifung mit Büroklammern oder Klebestreifen zusammenheftet.

Für jedes Kind bereitet man einige Faltblätter und einen Bleistift vor.

Spielregel:

Jedes Kind bekommt eine Faltwand. Es stellt sie so vor sich auf, daß ihm die anderen Kinder nichts absehen können. Dann bekommt jedes Kind Faltblatt und Bleistift. Das Faltblatt wird unter Anleitung einmal horizontal und einmal vertikal gefaltet und wieder auseinandergebreitet. Das Kind hat nun auf seinem Faltblatt vier quadratische Felder.

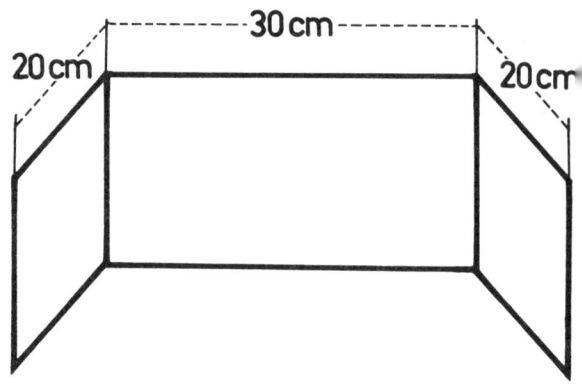

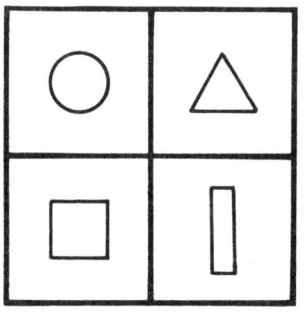

Die Kinder werden darauf aufmerksam gemacht, daß ihnen die Aufgaben nur einmal gesagt werden, daß sie also gut aufpassen müssen.
Nun stellt der Erwachsene die erste Aufgabe, etwa: „Zeichnet in das erste Feld eures Faltblattes einen Kreis, in das zweite ein Dreieck, in das dritte ein Quadrat und in das vierte ein Rechteck." Der Erwachsene muß langsam und deutlich sprechen. Wer die Aufgabe gelöst hat, gibt dem Erwachsenen sein Faltblatt. Richtige Lösungen werden zurückgegeben, falsche bleiben beim Erwachsenen.
Die Kinder falten allein das nächste Faltblatt wie das erste. Sie haben wieder vier Felder.
Der Erwachsene stellt die nächste Aufgabe: „Zeichnet in das erste Feld einen, in das zweite zwei, in das dritte drei und in das vierte Feld vier Punkte!" Oder: „Zeichnet einen Apfel, eine Birne, eine Banane und eine Kirsche!"
Wer nach einigen Runden die meisten Faltblätter zurückbekommen hat, ist Sieger.
Die Aufgaben, die der Erwachsene stellt, werden sich meistens nach dem Stoff richten, den er vertiefen möchte. Er darf aber die manuelle Ausdrucksfähigkeit der Kinder nicht überschätzen. Die Aufgaben müssen also zeichnerisch leicht darzustellen sein wie etwa:
Zeichnet vier verschieden große Kreise!
Zeichnet vier Dreiecke, jedes in einer anderen Größe und Form!
Zeichnet aus dem Gedächtnis vier verschiedene Legetafeln!
Zeichnet ein Kreuz, einen Halbmond, einen Stern und eine Sonne!
Zeichnet zwei, vier, sechs und acht Striche!
Zeichnet in jedes Feld sechs Punkte, ordnet sie aber verschieden an!
Zeichnet vier verschiedene Häuser! usw.

92. Blumen erkennen

Lernziel: Tastsinn, Formen erkennen, Erweiterung der Kenntnisse
Material: Verschiedenartige Blumen, Papiertüte

Anzahl der Kinder: 3—15
Vorbereitung: Die Kinder suchen auf einem Spaziergang viele verschiedene Blumen und lernen ihre Namen. Sie können auch Blumen aus ihren Gärten von zu Hause mitbringen.

Spielregel:

Die Kinder sitzen im Kreis. Petra wird eine große Papiertüte über den Kopf gezogen, damit sie nichts mehr sehen kann. Andreas gibt ihr in die ausgestreckte Hand eine Blume. Petra muß durch Abtasten erraten, welche Blume ihr gegeben wurde. Hat sie richtig geraten, darf sie das nächste Kind bestimmen, das raten soll. Hat sie falsch geraten, kommt Andreas an ihre Stelle und darf das Kind aussuchen, das ihm die Blume reichen soll. Dieses Kind gibt ihm eine andere Blume in die Hand.

Blumen, die unterschiedliche Formen haben:

Im Frühling: Schneeglöckchen, Krokus, Veilchen, Anemone, Schlüsselblume, Löwenzahn, Maiglöckchen, Vergißmeinnicht, Goldlack, Tulpe, Narzisse, Hyazinthe, Goldregen, Forsythie, Flieder usw.

Im Sommer: Hahnenfuß, Margerite, Mohn, Kornblume, Skabiose, Holunder, Heckenrose, Winde, Wicke, Rose, Nelke, Pfingstrose, Lupine, Rittersporn, Lilie, Kapuzinerkresse, Dahlie, Gladiole, Geranie, Begonie, Akelei, Aster usw.

Im Herbst und Winter kann man statt Blumen Zweige und Früchte raten lassen.

93. Immer mehr Gegenstände

Lernziel: Gedächtnisübung

Material: Legetafeln verschiedener Form und Farbe, Stäbchen verschiedener Länge, verschiedenfarbige Muggelsteine, Perlen, Steckwalzen,
Ringe, verschiedenartige Bausteine usw., flache
Schachtel mit Deckel, Materialschalen, Papier-
taschentücher

Anzahl der Kinder: 2—6

Vorbereitung: Für jedes mitspielende Kind und für
den Erwachsenen wird eine Materialschale mit
15 bis 20 verschiedenartigen und verschiedenfarbigen Gegenständen wie oben angegeben
vorbereitet. Jede Schale muß die gleichen Gegenstände enthalten.

Spielregel:

Jedes Kind bekommt eine Materialschale und ein
Papiertaschentuch. Der Erwachsene hat seine Materialschale auf dem Schoß. Die flache Schachtel
steht vor ihm auf dem Tisch.

Der Erwachsene nimmt vorsichtig, damit die Kinder es nicht sehen können, drei Gegenstände aus
seiner Schale, legt sie schnell in die Schachtel
und deckt die Schachtel mit dem Deckel zu. In der
Schachtel sind nun vielleicht ein rotes langes
Stäbchen, eine kleine weiße Perle und eine blaue
Dreieck-Legetafel.

Die Kinder müssen nun gut aufpassen. Der Erwachsene stellt die Schachtel in die Mitte des
Tisches, nimmt den Deckel ab und läßt die Kinder
10 Sekunden lang die drei Gegenstände in der
Schachtel anschauen. Er kann dazu langsam bis
10 zählen. Dann legt er den Deckel wieder auf die
Schachtel und zieht sie zu sich heran.

Nun suchen die Kinder aus ihrer Schale die gleichen drei Gegenstände, die sie eben gesehen

haben, und legen sie neben ihre Schale. Sie dek-
ken sie schnell mit dem Papiertaschentuch zu.
Erst wenn alle Kinder fertig sind, werden die
Taschentücher wieder weggenommen. Nun wird
festgestellt, wer die richtigen Gegenstände her-
ausgelegt hat. Wer einen Fehler gemacht hat, gibt
seine Materialschale ab und scheidet aus dem
Spiel aus. Die übrigen Kinder legen ihre Gegenstände wieder in ihre Materialschale zurück.

Der Erwachsene legt nun einen weiteren Gegenstand in die Schachtel. Er muß darauf achten, daß
die Kinder ihn vorher nicht sehen können. Er
zeigt den Kindern wieder 10 Sekunden lang die
nunmehr vier Dinge, die in der Schachtel liegen,
und macht die Schachtel wieder zu. Nun müssen
die Kinder vier Gegenstände aus ihrer Schale heraussuchen und zudecken. Dann werden fünf Gegenstände gesucht usw.

Wer sich die Gegenstände nicht richtig gemerkt
hat, scheidet jeweils aus. Das Spiel wird so lange
fortgesetzt, bis nur noch ein Kind übrig ist, das
sich die meisten Dinge merken konnte. Dieses
Kind hat das Spiel gewonnen.

Erschwerte Spielform:

Das Spiel wird wesentlich schwerer, wenn der
Erwachsene nicht einen Gegenstand den jeweils
schon in der Schachtel vorhandenen hinzufügt,
sondern wenn er jedesmal die Gegenstände anders zusammenstellt, also einige oder alle heraus-
nimmt und durch andere ersetzt.

94. Reimen

Lernziel: Sprachentwicklung
Material: Papier, Bleistifte

Anzahl der Kinder: 2—20
Vorbereitung: Für jedes Kind müssen ein kleines Blatt Papier und ein Bleistift bereitgehalten werden.

Spielregel:

Die Kinder sitzen an Tischen. Sie bekommen Papier und Bleistift.
Der Erwachsene nennt ein Wort, auf das sich leicht ein Reim finden läßt. Der Begriff muß den Kinder bekannt sein. Er sagt z. B. „Haus".
Das Kind, das einen Reim findet, darf auf sein Papier einen Punkt oder einen Strich machen. Ulrike sagt z. B. „Maus". Sie darf einen Punkt malen. Lukas sagt: „Laus". Auch er darf einen Punkt auf sein Papier zeichnen. Kein Reim darf wiederholt werden!
Der Erwachsene nennt ein neues Wort: „Zwei"!
Die Kinder suchen wieder Worte mit dem gleichen Klang: Drei — hei — Ei — Brei — Mai usw.
Wer nach einigen Spielrunden die meisten Punkte oder Striche auf seinem Papier hat, hat gewonnen.
Das Spiel muß zügig gespielt werden, damit die Kinder nicht das Interesse verlieren und, statt mitzudenken, mit ihrem Bleistift zu malen beginnen.

Worte mit Gleichklang, die den Kindern bekannt sind:

Haus — Maus, Laus, Klaus, Strauß, hinaus, heraus
Dach — Fach, Bach, Krach, Schach, ach, wach
Bank — Schrank, Zank, blank, Tank, Trank, Frank
Kanne — Tanne, Wanne, Pfanne, Panne
Band — Wand, Land, Sand, Rand, Hand, Pfand, Strand
Stein — Bein, Wein, Schein, klein, fein, nein
Baum — Traum, Schaum, Saum, Raum, kaum, Flaum
Wagen — Kragen, Magen, sagen, fragen, schlagen
Blitz — Schlitz, Sitz, Kitz, Spitz, Fritz, spitz
Nacht — Wacht, Macht, acht, kracht, Schacht, sacht
Kahn — Zahn, Tran, Kran, Bahn, Span, Jan, Wahn
Tier — Bier, Gier, vier, hier, mir, dir, wir
Klingen — singen, bringen, schwingen, zwingen
Laufen — kaufen, saufen, schnaufen, Haufen
Gehen — sehen, wehen, drehen, stehen, Zehen

95. Einkaufen

Lernziel: Begriffsbildung, Kenntnisse erweitern, Gedächtnis üben
Material: Kleine Körbe oder Taschen, Spielzeug, Beschäftigungsmaterial

Anzahl der Kinder: 3—15
Vorbereitung: Auf Tischen wird kleines Spielzeug und Beschäftigungsmaterial aus bestimmtem Material (Holz, Glas, Plastik, Papier usw.) in großer Anzahl ausgelegt. Man findet z. B. aus Holz: Holzautos, Holztierchen, Bausteine, Legetafeln, Stäbchen usw.; aus Plastik: Stecker und Steckbrettchen, Autos, Sandformen, Puppengeschirr usw.; aus Papier: Faltblätter, Flechtblätter, Postkarten, Bilderbücher usw. Jedes Material muß ungefähr gleich stark vertreten sein. Alle Gegenstände liegen ganz gemischt auf den Tischen.

Spielregel:

Die Kinder werden in Gruppen zu je drei Kindern eingeteilt. Jede Gruppe bekommt einen Korb oder eine Einkaufstasche. Die drei Kinder arbeiten zusammen und können sich auch untereinander beraten.

Jede Gruppe bekommt einen Auftrag: Ihr kauft Dinge ein, die aus Holz gemacht sind! — Ihr kauft Gegenstände aus Glas ein! usw. Die Kinder gehen an den Tischen entlang und suchen die Gegenstände aus, von denen sie glauben, daß sie ihrem Auftrag entsprechen. Sie legen sie in ihren Korb.

Nach einigen Minuten gibt der Erwachsene das Zeichen zum „Ladenschluß". Die Kinder ordnen sich zum Kreis. Die Körbe werden in die Mitte gestellt.

Der Erwachsene untersucht gemeinsam mit den Kindern, ob die Gegenstände auftragsgemäß ausgesucht wurden. Für jeden richtigen Gegenstand gibt es einen Punkt, für jeden falschen wird ein Punkt abgezogen. Die Kinder rechnen mit. Jede Gruppe muß sich ihre Punktzahl merken.

Die Gruppe, die die meisten Punkte hat, hat gewonnen. Will man das Spiel wiederholen, legt man die ausgesuchten Dinge wieder auf die Tische, aber möglichst in anderer Anordnung, und ergänzt nach Möglichkeit durch einige weitere Gegenstände. Jede Kindergruppe erhält einen anderen Auftrag. Die Kinder können sich auch zu anderen Gruppen zusammenfinden.

Andere Spielform:

Statt der genannten Gegenstände kann man auch Bilder aus Katalogen und Zeitschriften ausschneiden oder die Kinder ausschneiden lassen. Diese Abbildungen legt man auf die Tische. Die Kinder können nun nach anderen Sammelbegriffen „ein-

kaufen": Man gibt ihnen den Auftrag, Lebensmittel, Kleider, Möbel, Geschirr, Blumen oder Musikinstrumente usw. einzukaufen. Auch hier muß jede Gattung ungefähr gleich oft vertreten sein.

96. Was braucht man?

Lernziel: Begriffsbildung, zuordnen, Kenntnisse erweitern
Material: Faltblätter, Scheren

Anzahl der Kinder: 4—10
Vorbereitung: Jedes Kind braucht ein Faltblatt und eine Schere.

Spielregel:

Die Kinder sitzen an einem oder an zwei Tischen. Sie falten das Faltblatt nach Anleitung einmal längs und einmal quer und schneiden es auf den Bruchkanten entzwei. Sie haben nun vier kleine Quadrate. Die Scheren werden eingesammelt.

Die Kinder behalten ihre ausgeschnittenen Quadrate bei sich und setzen sich zu einem Kreis zusammen. Auch der Erwachsene sitzt in ihrer Runde. In die Mitte des Kreises stellt der Erwachsene eine Materialschale.

Der Erwachsene stellt eine Frage. Die Kinder antworten auf diese Frage reihum. Der Erwachsene fragt z. B.: „Was braucht man zum Kochen?" Barbara sitzt neben dem Erwachsenen und beginnt: „Zum Kochen braucht man einen Topf." Sie hat richtig geantwortet. Neben ihr sitzt Andreas. Er ist nun an der Reihe. Er sagt: „Zum Kochen braucht man einen Rührlöffel." Auch er hat richtig geantwortet. Neben ihm sitzt Peter. Er sagt: „Zum Kochen braucht man Wasser." Auch das ist richtig. Hat ein Kind eine falsche Antwort gegeben oder weiß es keine Antwort, so muß es einen seiner vier Zettel in die Materialschale in der Mitte des Kreises legen.

Waren alle Kinder an der Reihe, stellt der Erwachsene eine neue Frage: „Was braucht man, wenn ein Haus gebaut werden soll?" Nun antwortet nicht Barbara zuerst, sondern das zweite Kind, Andreas. Dann folgt Peter usw. Würde immer das gleiche Kind zu antworten beginnen, hätte es das letzte Kind viel schwerer als das erste. In der zweiten Runde ist also Barbara die letzte, in der dritten Andreas usw. So ist jedes Kind einmal der erste und einmal der letzte.

Jedes Kind, das eine falsche oder gar keine Antwort gibt, legt eines seiner Quadrate in die Materialschale. Hat es keine Quadrate mehr, scheidet es aus dem Spiel aus.

Man kann so lange spielen, bis nur noch ein Kind übrigbleibt, das Sieger ist. Oder man schließt nach einer vereinbarten Anzahl von Runden. Dann hat das Kind gewonnen, das noch die meisten Quadrate besitzt.

Fragen:	Antworten:
Was braucht man zum Kochen?	Topf, Pfanne, Schüssel, Löffel, Sieb, Herd, Wasser, Fleisch, Gemüse, Mehl, Butter, Kartoffeln, Milch, Reis, Grieß, Eier usw.
Was braucht man zum Kuchenbacken?	Schüssel, Löffel, Rührgerät, Kuchenblech, Kuchenform, Backofen, Mehl, Milch, Eier, Butter, Zucker, Gewürze, Hefe, Backpulver usw.
Was braucht man, wenn man den Tisch decken will?	Tischtuch, Teller, Messer, Gabeln, Löffel, kleine Löffel, Gläser, Kompottschalen, Untersetzer, Servietten, Tassen, Untertassen, Kannen, Zuckerdose, Kuchengabeln, Tortenheber usw.
Was braucht man zum Spielen?	Puppe, Puppenwagen, Puppenbett, Puppenstube, Kaufladen, Auto, Wagen, Baukasten, Sandformen, Sandeimer, Schaukelpferd, Eisenbahn, Teddy, Hampelmann, Kasperl usw.
Was braucht man zum Malen?	Papier, Bleistift, Buntstifte, Wasserfarben, Wasser, Pinsel, Lappen, Radiergummi, Zeichenblock, Kreide, Zeichenkohle, Tafel, Fingerfarben usw.
Was braucht man zum Baden?	Badewanne, Wasser, Dusche, Seife, Waschlappen, Schwamm, Handtuch, Badetuch, Badeteppich, Badethermometer, Seifenschale usw.
Was braucht man zur Gartenarbeit?	Spaten, Schaufel, Rechen, Hacke, Eimer, Korb, Rosenschere, Rasenmäher, Gießkanne, Gartenschlauch, Düngemittel, Baumsäge usw.
Was wird beim Hausbau gebraucht?	Steine, Sand, Zement, Wasser, Holz, Dachziegel, Rohre, Kabel, Türen, Fenster, Betonmischer, Kran, Laster, Eimer, Gerüst, Leiter, Zeichnung usw.

Was braucht man, wenn man eine Wohnung einrichten will?	Tisch, Stuhl, Schrank, Bett, Sessel, Couch, Teppich, Vorhang, Lampen, Bilder, Decken, Radio, Fernseher, Kissen, Bank, Uhr usw.

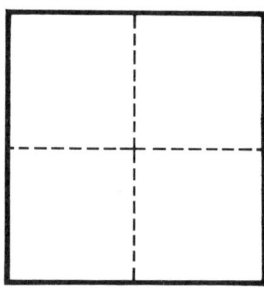

97. Gut hinsehen

Lernziel: Gedächtnisübung

Material: Gegenstände des täglichen Bedarfs oder kleines Spiel- und Beschäftigungsmaterial, zwei Tabletts, ein Tuch zum Zudecken

Anzahl der Kinder: 2—10

Vorbereitung: Der Erwachsene legt auf ein Tablett 20 bis 30 verschiedene kleine Dinge, entweder Gebrauchsgegenstände wie Bleistift, Lineal, Kugelschreiber, Fingerhut, Garnrolle, Taschentuch, Knopf, Schraube, Nagel, Taschenmesser, Löffel, Gabel, Becher, Handschuh, Buch, Postkarte, Sicherheitsnadel usw. oder kleine Spieldinge wie Tierchen, Auto, Püppchen, Puppengeschirr, Baustein, Kugel, Perlschnur, Perle, Bild, Ball usw. oder er mischt beide Arten von Gegenständen.

Die gleichen Dinge müssen noch einmal vorhanden sein und kommen in eine Schachtel. Ein zweites Tablett mit Tuch zum Zudecken wird bereitgestellt.

Spielregel:

Alle mitspielenden Kinder verlassen das Zimmer für kurze Zeit. Der Erwachsene stellt auf einen Tisch das leere, auf einen anderen das volle Tablett. Er nimmt aus der Schachtel drei beliebige Gegenstände und legt sie auf das leere Tablett. Er deckt dieses Tablett zu. Rechts und links von den Tischen stehen zwei Stuhlreihen.

Das erste Kind wird hereingerufen. Es tritt vor den Tisch mit dem zugedeckten Tablett. Es wird aufgefordert, genau auf das Tablett hinzusehen.

Der Erwachsene deckt das Tablett auf und zählt langsam bis 10. Dann deckt er das Tablett wieder zu.

Nun muß das Kind zum anderen Tisch gehen, auf dem das zweite Tablett steht. Es muß dort die gleichen Gegenstände heraussuchen, die es auf dem ersten Tablett gesehen hat. Hat es die richtigen Gegenstände gefunden, darf es sich auf einen Stuhl auf der rechten Seite setzen. Es wird aufgefordert, nicht zu sprechen, wenn andere Kinder an der Reihe sind.

Die ausgesuchten Gegenstände werden wieder auf das 2. Tablett zurückgelegt.

Das zweite Kind kommt herein. Es geht wieder zuerst zu dem zugedeckten Tablett, sieht, während der Erwachsene bis 10 zählt, die drei Gegenstände genau an und sucht sie dann aus den Gegenständen des zweiten Tabletts heraus.

Hat es die Aufgabe richtig gelöst, setzt es sich zu dem ersten Kind auf die rechte Seite; hat es einen Fehler gemacht, muß es sich auf die linke Seite setzen und scheidet aus dem Spiel aus.

Sind nacheinander alle Kinder an der Reihe gewesen, werden die Kinder der rechten Seite wieder hinausgeschickt. Der Erwachsene nimmt die drei Gegenstände vom ersten Tablett herunter und ersetzt sie durch vier andere Dinge aus der Schachtel.

Die Kinder kommen wieder nacheinander herein, und die vier neuen Gegenstände werden ihnen gezeigt. Sie müssen jetzt diese vier Dinge aus den Gegenständen des zweiten Tabletts heraussuchen. Wieder muß sich das eine oder andere Kind auf die linke Seite setzen. Die Anzahl der mitspielenden Kinder wird immer kleiner. Die ausgeschiedenen Kinder dürfen beim Auflegen neuer Gegenstände helfen.

In jeder Runde wird ein Gegenstand mehr auf das erste Tablett gelegt, bis zuletzt nur noch ein Kind übrig ist, das sich die größte Anzahl von Dingen merken konnte und sie richtig aussuchte. Es hat das Spiel gewonnen.

98. Paare suchen

Lernziel: Zuordnen

Material: Gegenstände des täglichen Bedarfs, Spiel- und Beschäftigungsmaterial; große Schachtel

Anzahl der Kinder: 2—10

Vorbereitung: Der Erwachsene legt in eine Schachtel 10 bis 12 Gegenstände des täglichen Bedarfs oder Spielmaterial, von denen dreimal zwei Teile zusammengehören müssen wie Messer und Gabel, Kamm und Bürste, Flechtblatt und Flechtnadel usw. Weitere einzelne und zusammengehörige Dinge müssen bereitgelegt werden. Hat man nicht genügend Gegenstände, kann man sie auch durch Bildkarten ersetzen, die aber immer nur ein Objekt zeigen dürfen. Die Schachtel darf aber entweder nur richtige Gegenstände oder nur Bildkarten enthalten, auf keinen Fall darf beides gemischt werden.

Spielregel:

Die Kinder sitzen an einem oder mehreren Tischen und beschäftigen sich still mit Material wie Bausteinen oder Steckbrettern oder dergleichen.

Ein Kind kommt an einen anderen Tisch, der von den übrigen Kindern nicht eingesehen werden kann. Dort steht die Schachtel mit den Einzel- und Paar-Gegenständen. Dem Kind wird erklärt, daß es die jeweils zusammengehörigen Dinge heraussuchen muß und dazu eine Minute Zeit hat.

Der Erwachsene gibt ein Zeichen und schaut auf die Uhr. Das Kind sucht, ohne zu sprechen, die Gegenstände heraus, von denen es glaubt, daß sie zusammengehören. Hat es nach einer Minute oder früher die Gegenstände richtig herausgefunden, darf es in der nächsten Runde wieder mitmachen. Hat es nicht alle drei „Paare" gefunden, scheidet es aus und spielt weiter am Tisch der anderen Kinder.

Die Gegenstände werden wieder in die Schachtel gelegt und gut gemischt. Nun kommt das nächste Kind an die Reihe.

Waren nacheinander alle Kinder an der Reihe, werden vom Erwachsenen alle „Paare" durch andere ersetzt und ein weiteres „Paar", vielleicht auch einige weitere Einzelgegenstände, hinzugefügt.

Die Kinder, die in der ersten Runde die Aufgabe richtig gelöst haben, kommen wieder nacheinander an den Tisch mit der Schachtel. Sie müssen nun vier „Paare" heraussuchen. Bei jeder Runde wird die Zahl der Kinder, die weiter mitmachen können, kleiner. Die Gegenstände müssen nach jedem Durchgang durch neue ersetzt werden. Alle Kinder, die nicht gerade mit dem Paaresuchen beschäftigt sind, spielen weiter mit ihrem Spielmaterial.

Die Kinder suchen so lange „Paare" aus der größer werdenden Zahl von Gegenständen heraus, bis nur noch ein Kind übrig ist, das die größte Anzahl von Paaren finden konnte. Dieses Kind ist Gewinner.

Geeignete zusammengehörige Gegenstände:

Kamm und Bürste,
Messer und Gabel,
Nadel und Faden,
Ei und Eierbecher,
Kerze und Leuchter,
Dose und Deckel,
Schuh und Schuhband,
Geldbeutel und Geldstück,
Zahnbürste und Zahnpasta,
Briefbogen und Umschlag,
Waschlappen und Seife,
Bleistift und Radiergummi,
Flechtnadel und Flechtblatt,
Steckbrett und Steckwalze,
Wasserfarbe und Pinsel,
Perle und Schnur,
Spannbrett und Gummi,
Hammer und Nagel (vom Nagelspiel),
Sandförmchen und Sandschaufel,
Teller und Tasse (aus der Puppenstube),
Handfeger und Schaufel (aus der Puppenstube),
Tisch und Stuhl (aus der Puppenstube),
Topf und Deckel (aus der Puppenstube),
Püppchen und Puppenkleid,
Strickliesel und Wollfaden,
Triangel und Schlegel.

SPIELE MIT EINFACHEN, AUS VORHANDENEM
MATERIAL SELBST HERGESTELLTEN SPIEL-
MITTELN, DIE LÄNGERE VORBEREITUNGSZEIT
ERFORDERN. DIE MEISTEN DIESER SPIELMITTEL
KÖNNEN MEHRFACH VERWENDET WERDEN.

99. Figuren-Lotto

Lernziel: Farben- und Formenkenntnisse
Material: Legetafeln oder die Täfelchen von Nagelmaterial oder Steckfiguren; Karton, Buntstifte (Filzstifte)

Anzahl der Kinder: 3—7
Vorbereitung: Der Erwachsene schneidet sechs Kartonkarten in der Größe von Lottokarten zu. Er teilt sie in je sechs gleich große Rechtecke ein. Auf die Rechtecke legt er sechs Legetafeln verschiedener Farbe und Form auf und umfährt sie mit einem Buntstift, der die gleiche Farbe haben muß wie die aufgelegte Legetafel. Will man die Karten auch für das Spiel Nr. 100 („Figuren auflegen") verwenden, müssen auf jeder Karte die sechs Farben des Farbwürfels rot — blau — gelb — grün — weiß — schwarz vertreten sein. Die Formen dagegen können beliebig sein. Die fertigen Karten müssen möglichst verschieden aussehen. Die verwendeten Legetafeln werden gut gemischt und in eine Schale oder auf einen Schachteldeckel gelegt.

Spielregel:
Das Spiel wird wie Bilderlotto gespielt. Jedes Kind bekommt eine Karte. Ein Kind, etwa Susanne, darf die Legetafeln austeilen. Sie bekommt die Schale mit den Täfelchen und eine leere Materialschale. Susanne nimmt eine Legetafel aus ihrer Schale und legt sie so in die Mitte des Tisches, daß alle Kinder sie gut sehen können. Die Kinder vergleichen Form und Farbe der Legetafel mit den Figuren ihrer Karte. Erkennt ein Kind die Legetafel als übereinstimmend mit einer Umrandung auf seiner Karte, so nimmt es sie und legt sie auf den entsprechenden Umriß auf seiner Karte. Auch in der Farbe muß die Legetafel mit der Figur auf der Karte übereinstimmen.
Finden die Kinder nicht schnell den richtigen Platz für eine Legetafel, so zählt Susanne bis 5. Hat sich auch dann noch kein Kind für die Legetafel gemeldet, legt Susanne sie in die leere Schale.
Susanne teilt weiter aus. Wenn alle Legetafeln aus der vollen Schale gezeigt wurden, kann Susanne die Legetafeln, die keinen Besitzer fanden, noch einmal nacheinander auslegen.
Gewonnen hat das Kind, das zuerst alle Figuren seiner Lottokarte richtig abgedeckt hat. Dieses Kind darf beim nächsten Spiel austeilen. Die Lottokarten und die Legetafeln werden gut gemischt. Jedes Kind erhält eine andere Karte. Auch Susanne bekommt eine.

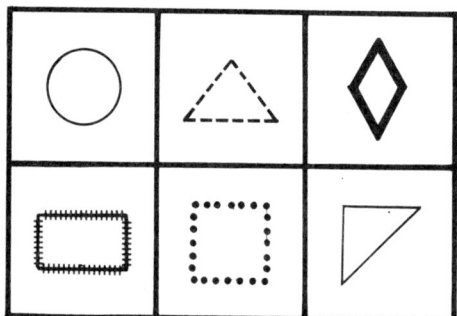

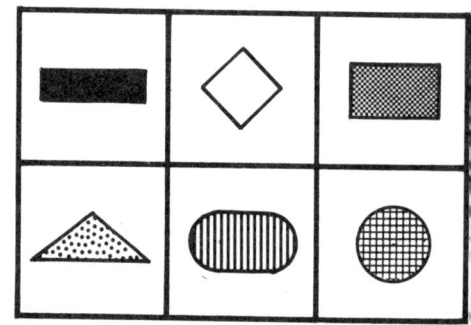

100. Figuren auflegen

Lernziel: Farben und Formen
Material: Fertiges Spiel Nr. 99 mit den entsprechenden Legetafeln, Farbwürfel

Anzahl der Kinder: 2—6

Vorbereitung: Mit den Karten von Spiel Nr. 99 kann man auch ein Würfelspiel spielen. Ist das Spiel „Figuren-Lotto" noch nicht vorhanden, stellt man es nach der Anleitung in Spiel Nr. 99 her. Man braucht außerdem einen Farbwürfel.

Spielregel:

Jedes Kind bekommt eine Karte. In der Mitte des Tisches steht die Schale mit den Legetafeln.

Es wird reihum gewürfelt. Jedes Kind darf die der Farbe seines Wurfes entsprechende Legetafel aus der Schale heraussuchen und auf die entsprechende Figur auf seiner Karte auflegen. Würfelt es die gleiche Farbe mehrmals, so muß es den Würfel weitergeben, ohne eine Legetafel aufzulegen.

Wer seine Karte zuerst mit den sechs Legetafeln bedeckt hat, hat gewonnen.
In der zweiten Spielrunde werden die Karten getauscht.

Erschwerte Spielformen:

Man legt in die Schale außer den für die Karten gebrauchten Legetafeln noch Legetafeln anderer Formen und Farben. Dann muß das Kind seine gewürfelte Form aus einer größeren Auswahl heraussuchen und bis zur letzten Legetafel, die gebraucht wird, aus einer Vielfalt von Formen auswählen.

Die Legetafeln müssen in der Reihenfolge aufgelegt werden, wie sie jeweils auf der Karte des Kindes erscheinen, wobei man links oben anfängt und rechts unten aufhört. Ein Kind kann also nur dann eine Legetafel heraussuchen und auflegen, wenn es zuerst die erste Farbe seiner Karte gewürfelt hat, dann die zweite usw. Wer zuerst seine Karte bedeckt hat, ist Sieger. Diese Spielform erfordert mehr Zeit.

oder

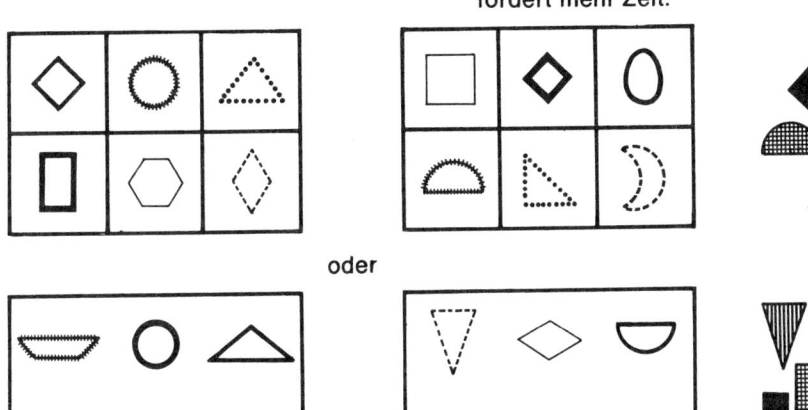

101. Luftballons kaufen

Lernziel: Farbkenntnisse, Zahlenkreis bis 4
Material: Karton, Filzstifte, runde Legetafeln in den vier Grundfarben, Farbwürfel

Anzahl der Kinder: 3—6

Vorbereitung: Der Erwachsene zeichnet mit dikkem Filzstift auf einen Karton oder ein festes Zeichenblatt, das mindestens 20x30 cm groß sein muß, ein Strichmännchen, das 24 Fäden in der Hand hält. Die Fäden gehen nach oben auseinander und sind verschieden lang.

Für jedes mitspielende Kind schneidet man einen Karton oder ein Zeichenpapier in der Größe einer Postkarte zu und zeichnet vier Kreise auf. Hier muß je ein Ballon mit rotem, einer mit blauem, einer mit gelbem und einer mit grünem Stift gezeichnet werden. Diese aufgezeichneten Ballons bekommen auch gezeichnete Schnüre.

Zuletzt bereitet man 24 Legetafeln vor, die die Luftballons darstellen: je sechs in den Farben rot, blau, gelb und grün. Statt der runden Legetafeln kann man auch Kreise aus farbigem Karton ausschneiden.

Spielregel:

Die Strichmännchenzeichnung wird in die Mitte des Tisches gelegt. An die Enden der Fäden werden die Legetafeln gelegt, und zwar je sechs rote, sechs blaue, sechs gelbe und sechs grüne. Die Anordnung ist gleichgültig. Der Strichmann hält nun 24 Luftballons in der Hand. Spielen weniger als sechs Kinder mit, so werden entsprechend weniger Legetafeln aufgelegt, also etwa fünf rote, fünf blaue, fünf gelbe und fünf grüne.

Jedes Kind bekommt eine kleine Karte mit vie‍ aufgezeichneten Luftballons.

Die Kinder würfeln reihum mit dem Farbwürfel‍ Würfelt das erste Kind rot, so darf es sich von de‍

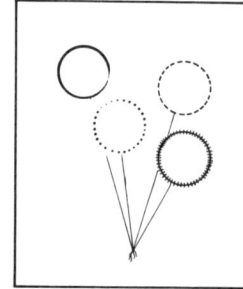

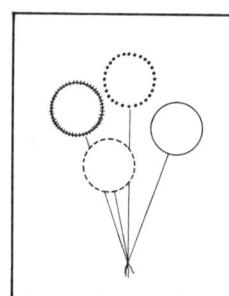

uftballons des Strichmännchens einen roten her-
interholen und auf seinen roten Kreis aufsetzen.
Es sagt dazu: „Ich habe mir einen roten Luftballon gekauft." Dann gibt es den Würfel weiter.
Nun würfelt das zweite Kind und holt sich einen
entsprechenden Luftballon usw.
Würfelt das erste Kind bei der zweiten Runde eine
andere Farbe als rot, so darf es sich wieder einen
Luftballon der gewürfelten Farbe „kaufen". Würfelt es aber wieder rot, so sagt es: „Ich kann mir
keinen Luftballon kaufen", und gibt den Würfel
weiter. Dasselbe sagt es, wenn es schwarz würfelt.
Würfelt es aber weiß, so darf es den Wurf wiederholen.
Wer auf seiner Karte zuerst vier Luftballons in den
entsprechenden Farben hat, sagt: „Ich habe vier
bunte Luftballons!", und ist Sieger. Die anderen
Kinder spielen so lange weiter, bis alle Kinder
ihre Karte voll besetzt haben.
Der Sieger darf für die nächste Runde die Luftballons wieder auf die Strichmännchenkarte aufsetzen.

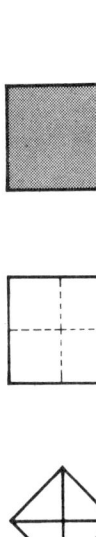

102. Briefe zum Drachen

Lernziel: Farbkenntnisse, Zahlenübung
Material: Karton, Buntstifte oder Wasserfarben,
Buntpapier, Farbwürfel und Zahlenwürfel

Anzahl der Kinder: 2—4
Vorbereitung: Auf einen Streifen Karton von mindestens 30 cm Länge zeichnet man einen kleinen Drachen von etwa 4 bis 6 cm Länge. Der
Drachen bekommt eine sehr lange Schnur. An

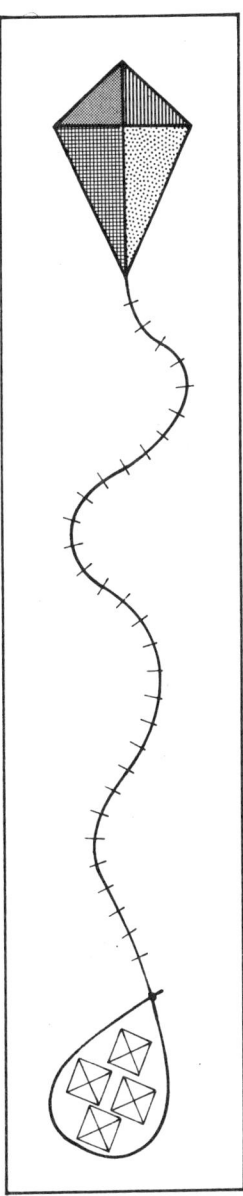

ihrem unteren Ende zeichnet man eine große Schlinge. Den Drachen malt man in den Farben rot — blau — gelb — grün an. Die Schnur wird in kleine, regelmäßige Abschnitte eingeteilt. Aus Buntpapier schneidet man für jedes Kind ein kleines Faltblatt mit einer Seitenlänge von etwa 2 cm.

Spielregel:

Jedes Kind bekommt ein kleines Quadrat aus Buntpapier, eines ein rotes, eines ein blaues, eines ein gelbes und das letzte ein grünes Quadrat. Aus diesem Quadrat falten die Kinder unter Anleitung einen kleinen „Brief". Sie falten das Blatt einmal längs und einmal quer, öffnen es wieder und legen nun alle Ecken zum Mittelpunkt um. Nun wird der Kartonstreifen mit dem aufgezeichneten Drachen in die Mitte des Tisches gelegt.
Der „Wind" soll nun die Briefe aller Kinder „zum Drachen treiben". Zuerst kommen alle Briefe in die Schlinge am Ende der Drachenschnur. Dann wird reihum mit zwei Würfeln gewürfelt, es wird also eine Farbe und eine Zahl gewürfelt.
Würfelt ein Kind die Farbe seines Briefes, darf es seinen Brief um so viele Felder weitersetzen, als der Zahlenwürfel Augen gezeigt hat. Es muß dabei laut zählen.
Würfelt es eine andere Farbe, als sein Brief hat, bleibt sein Brief in der Schlinge oder später auf dem Feld, auf dem er vor dem Wurf lag.
Würfelt ein Kind weiß, darf es noch einmal würfeln. Würfelt es schwarz, muß es seinen Brief um ein Feld zurücknehmen.
Wer oben angekommen ist, darf erst dann seinen Brief in das Feld seiner Farbe legen, wenn er genau die Zahl würfelt, die ihm noch bis zu diesem Feld fehlt.

Wer zuerst in seinem Drachenfeld ist, hat gewonnen.

Andere Spielformen:

Will man das Spiel mit mehr als vier Kindern spielen, zeichnet man zwei oder mehr Drachen auf und schneidet die entsprechende Anzahl Quadrate zu. Es müssen dann auch je zwei oder mehr Farb- und Zahlenwürfel vorhanden sein.
Man setzt je drei bis vier Kinder um einen Tisch. Sie spielen entweder alle gemeinsam, dann hat das Kind gewonnen, das von allen Mitspielern zuerst fertig ist, oder jeder Tisch spielt für sich.
Das Spiel kann auch als Gruppenwettspiel gespielt werden: Es spielt ein Tisch gegen den anderen. Gewonnen hat die Gruppe, deren sämtliche Briefe zuerst das Ziel erreicht haben.

103. Legetafelstern

Lernziel: Gedächtnisübung, Farb- und Formkenntnisse
Material: Karton, Buntstifte, Legetafeln

Anzahl der Kinder: 2—12
Vorbereitung: Der Erwachsene schneidet für jedes Kind aus Karton oder starkem Zeichenpapier eine Karte in der Größe eines großen Faltblattes zu. Darauf legt er aus Legetafeln verschiedener Formen und Farben einen Stern. Jeder Stern soll eine andere Form haben, aber aus der gleichen Anzahl Legetafeln bestehen. Die Legetafeln werden mit Bunt- oder Filzstift jeweils der gleichen Farbe umzogen.

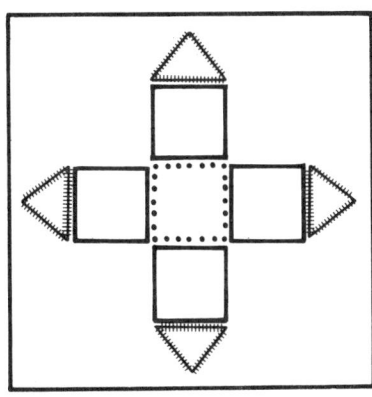

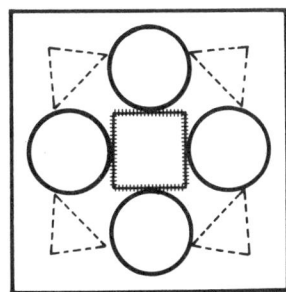

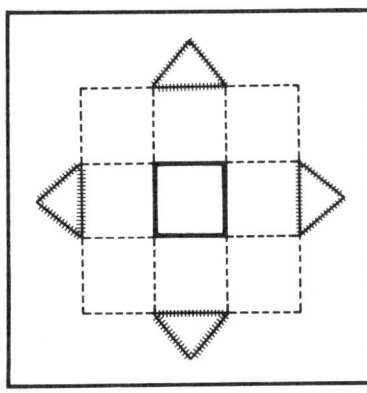

Spielregel:

Die Kinder sitzen an ein oder zwei Tischen. Jedes Kind bekommt eine Karte mit aufgezeichnetem Stern. In der Mitte jeden Tisches steht eine große flache Schale oder ein Pappteller mit der ausreichenden Anzahl verschiedenartiger und verschiedenfarbiger Legetafeln. Es dürfen auch mehr Legetafeln sein, als gebraucht werden, und es können nicht benötigte Formen darunter sein, damit die Kinder gezwungen sind, die richtigen sorgfältig auszuwählen.

Auf ein Zeichen des Erwachsenen oder eines Kindes hin suchen die Kinder die Legetafeln heraus, die sie brauchen, um die Umrisse ihres Sterns mit den gleichen Formen und Farben zu füllen. Wer seinen Stern zuerst bedeckt hat, ist Sieger.

Beim zweiten Spiel werden die Legetafeln wieder in die Schale in der Mitte des Tisches gelegt und gut gemischt. Die Kinder tauschen ihre Karten untereinander aus.

Erschwerte Spielform:

Statt nach der ersten Runde die Legetafeln gleich wieder in die Schale zu legen, sehen sich die Kinder ihren fertigen Stern sehr gut an. Dann erst legen sie die Legetafeln weg. Sie müssen gut gemischt werden. Nun dreht jedes Kind seine Karte um und versucht, den Stern nach dem Gedächtnis auf dem Tisch zu legen. Wenn alle Kinder fertig sind, wird die Karte wieder umgedreht und verglichen. Wer den Stern am genauesten nach dem Gedächtnis gelegt hat, hat gewonnen.

104. Umrißmosaik

Lernziel: Beobachten, denken und kombinieren
Material: Karton, dunkler Filzstift, Legetafeln, Materialschalen

Anzahl der Kinder: 2—12
Vorbereitung: Man schneidet für jedes Kind aus Karton oder festem Zeichenpapier eine Karte in der Größe einer Postkarte zu. Darauf legt man mit Legetafeln einfache Figuren wie z. B. ein Haus, einen Baum, eine Mühle usw. Jede Figur muß aus der gleichen Anzahl Legetafeln bestehen. Man umfährt die Figuren mit dunklem Filzstift so, daß nur die (äußeren) Umrisse aufgezeichnet werden.

Spielregel:

Jedes Kind bekommt eine Karte mit aufgezeichneter Figur und eine Schale mit Legetafeln der verschiedensten Art. Der Erwachsene oder ein Kind geben das Zeichen zum Beginn. Dann versuchen die Kinder, die richtigen Legetafeln für ihre Figur auszusuchen. Sie müssen verschiedene Formen ausprobieren, bis sie die entsprechenden Tafeln gefunden haben.

Wer seine Figur zuerst mit den richtigen Legetafeln belegt hat, hat gewonnen.

Bei der zweiten Runde werden die Karten getauscht.

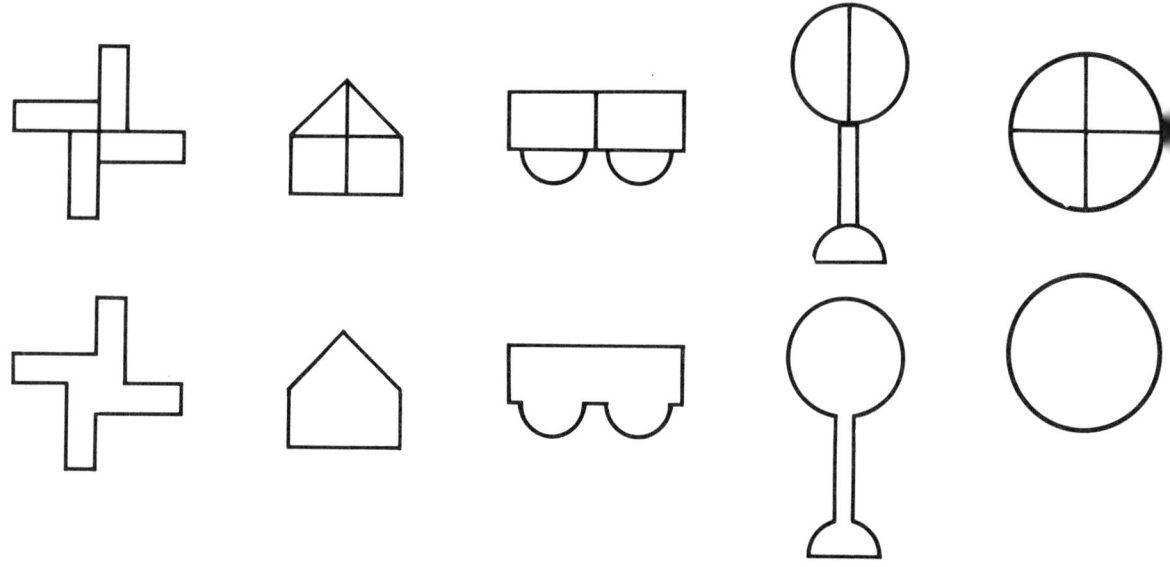

105. Zahlenfiguren

Lernziel: Geometrische Formen erkennen, Zahlen üben

Material: Karton, Bleistift oder Filzstift, Legetafeln, Zahlenwürfel, Materialschalen

Anzahl der Kinder: 2—12

Vorbereitung: Für jedes Kind wird ein Karton in Postkartengröße zugeschnitten. Darauf wird aus sechs Legetafeln eine Figur gelegt. Die einzelnen Legetafeln werden mit Bleistift oder schwarzem Filzstift umzogen. Jede Karte bekommt eine andere Figur. In alle Legetafel-umrisse wird eine Zahl entweder durch Punkte oder als Ziffer eingezeichnet. Die für jede Karte notwendigen Legetafeln werden in eine Materialschale gelegt.

Spielregel:

Jedes Kind bekommt eine Karte und die dazugehörige Schale mit Legetafeln.

Es wird reihum mit dem Zahlenwürfel gewürfelt. Würfelt ein Kind eine 1, so darf es aus seinen Legetafeln diejenige heraussuchen, die auf das Feld mit der 1 paßt. Es deckt das Feld damit zu. Würfelt ein Kind eine Zahl, die schon bedeckt ist, so muß es den Würfel weitergeben, ohne ein neues Feld besetzen zu können.

Wer zuerst seine ganze Karte bedeckt hat, hat gewonnen.

Bei der nächsten Runde bekommt jedes Kind eine andere Karte und andere Legetafeln.

Man kann das Spiel so spielen, daß es gleichgültig ist, welche Felder der Karte zuerst bedeckt werden; also kann auch die 6 zuerst aufgelegt werden. Man kann aber auch so spielen, daß die Zahlenreihe eingehalten werden muß, daß jedes Kind also zuerst eine 1, dann eine 2 usw. würfeln und dementsprechend auflegen muß. Diese Spielart erfordert mehr Zeit und von den Kindern mehr Geduld.

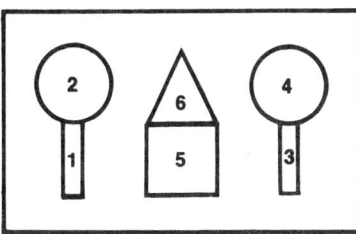

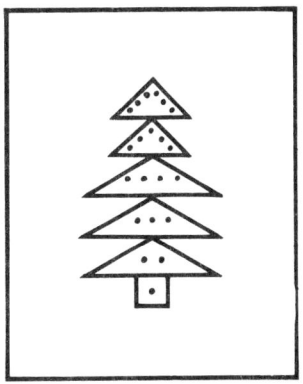

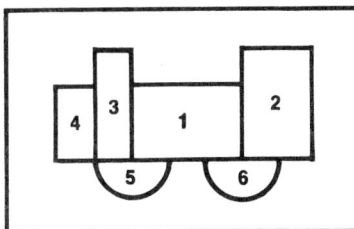

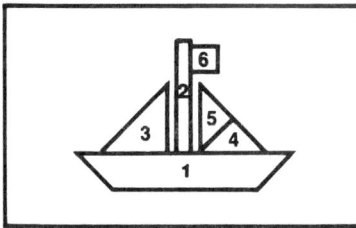

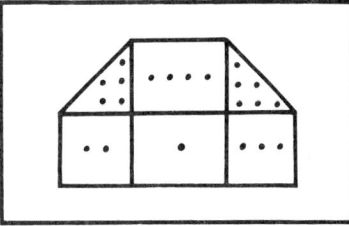

91

106. Karten sammeln

Lernziel: Farben und Formen erkennen, Zahlenkreis bis 6
Material: Karton und Buntstifte oder Wasserfarben

Anzahl der Kinder: 2—6

Vorbereitung: Es werden 36 kleine Karten von
4x4 oder 4x6 cm Seitenlänge aus Karton oder
starkem Zeichenpapier zugeschnitten. Diese 36
Karten werden in Serien zu je 6 Stück eingeteilt. Jede Serie bekommt eine bestimmte Figur. Mit Buntstift oder Wasserfarbe malt man
auf jede der sechs Karten eine geometrische
Figur: einen roten Kreis oder ein blaues Quadrat oder ein gelbes Dreieck usw., so daß dann
also der rote Kreis sechsmal vorhanden ist, das
blaue Quadrat ebenfalls usw.

Statt geometrischer Figuren kann man auch
einfache andere Formen wählen wie Haus, Blume, Stern usw.

Spielregel:

Man braucht so viele Kartenserien, wie Kinder
mitspielen. Spielen also weniger als sechs Kinder
mit, so nimmt man die entsprechende Zahl Serien heraus.

Nun nimmt man aus jeder Serie eine Karte heraus
und verteilt sie an die mitspielenden Kinder, ein
Kind bekommt z. B. den roten Kreis, das zweite
das blaue Quadrat usw.

Die übrigen Karten aller Serien werden gut gemischt und verdeckt zu einem Stoß in die Mitte
des Tisches gelegt.

Von diesem Stoß darf jedes Kind reihum eine
Karte abheben. Ist es eine Karte seiner Serie, so
darf es sie behalten und legt sie neben seine
Musterkarte. Ist es eine andere Karte, legt es
sie verdeckt neben den Kartenstoß zu einem neu
zu bildenden Stoß. Wenn der erste Stoß zu Ende
ist, wird der zweite in Angriff genommen und
wieder ein neuer begonnen.

Wer zuerst seine sechs Karten mit der gleichen
Figur zusammen hat, hat gewonnen. Die übrigen
Kinder spielen weiter, bis alle Karten verteilt sind.

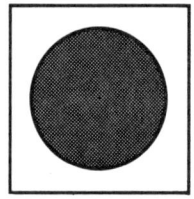 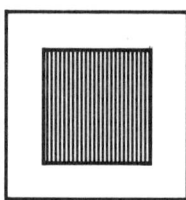 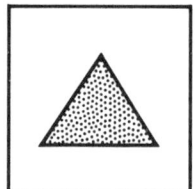

107. Stoffe ordnen

Lernziel: Tastsinn, erkennen, unterscheiden
Material: Stoffreste der verschiedensten Art

Anzahl der Kinder: 8—12
Vorbereitung: Aus Stoffresten werden Quadrate von etwa 10 cm Seitenlänge geschnitten. Es können viel oder wenig Quadrate eines Stoffmusters sein. Je verschiedenartiger Farbe und Muster der Stoffe sind, desto besser. Es muß eine große Anzahl solcher Quadrate vorhanden sein.
Die Quadrate werden gut gemischt und in zwei gleich große Hälften geteilt. Auf Farbe und Muster braucht man beim Teilen nicht besonders zu achten.

Spielregel:
Das Spiel wird als Gruppenwettspiel durchgeführt. An zwei Tischen sitzen je vier bis sechs Kinder. In die Mitte der Tische wird je eine Hälfte der Stoffstücke gelegt. Die Kinder werden aufgefordert, gemeinsam die Quadrate nach ihren Mustern zu ordnen. Gleiche Muster müssen übereinander, verschiedenartige nebeneinander gelegt werden. Die Kinder können sich untereinander beraten. Der Erwachsene gibt ein Startzeichen. Der Tisch, der zuerst fertig ist und die Stoffe fehlerfrei geordnet hat, hat gewonnen.
Die Stoffe werden wieder gemischt und zusammengelegt. Nun bekommt jedes Kind eine besondere Aufgabe: Eines soll die einfarbigen Stoffe heraussuchen, eines die gestreiften, eines die karierten, das nächste die gepunkteten, ein anderes die Blumenmuster und das letzte alle die Muster, die zu keiner dieser Gruppen gehören. Wieder dürfen sich die Kinder einer Gruppe untereinander beraten. Auch jetzt hat der Tisch gewonnen, der zuerst alle seine Stoffe richtig geordnet hat.
In weiteren Durchgängen kann man nach anderen Eigenschaften der Stoffe ordnen lassen: dünne und dicke Stoffe, helle und dunkle Stoffe, rauhe und glatte Stoffe. Hier suchen immer je zwei oder drei Kinder einer Gruppe gemeinsam eine Sorte Stoffe heraus. Gewonnen hat der Tisch, der zuerst alle Stoffe richtig nach den beiden gegensätzlichen Eigenschaften geordnet hat.

108. Farbkreise

Lernziel: Größenunterschiede erkennen, Farbkenntnisse
Material: Weißer und farbiger Karton oder weißer Karton und Buntstifte bzw. Wasserfarben; Bleistift, Zirkel oder Geldstücke

Anzahl der Kinder: 2—12
Vorbereitung: Für jedes mitspielende Kind wird eine quadratische Karte mit einer Seitenlänge von etwa 12 cm zugeschnitten. Mit Zirkel oder mit Geldstücken, die man umrandet, zeichnet man auf diese Karte in die Mitte einen großen Kreis (Fünfmarkstück), um diesen Kreis sechs mittlere Kreise (Zehnpfennigstück) und außen sechs kleine Kreise (Einpfennigstück). Aus buntem Karton oder aus weißem, den man anmalt, werden die entsprechenden Kreise zum Bedecken der Karte ausgeschnitten: ein großer Kreis, sechs mittlere und sechs kleine, die einzelnen Größen jeweils in einer anderen Farbe, also etwa ein großer roter Kreis, sechs mittlere blaue und sechs kleine gelbe. Für

jedes Kind wählt man eine andere Farbanordnung.

Will man das Spiel auf die verschiedenste Art spielen, braucht man sehr viele Kreise in allen vorhandenen Farben. Dabei ist zu bedenken, daß auf einen großen Kreis immer sechs mittlere und sechs kleine kommen.

Spielregel:

1. Spielrunde:

Jedes Kind bekommt eine Karte und in einer Materialschale die entsprechende Zahl ausgeschnittener Kreise in drei verschiedenen Farben.
Auf ein Zeichen hin beginnen die Kinder, ihre Karte mit den ausgeschnittenen Kreisen zu bedecken. Sie müssen dabei genau auf die Größe der Kreise achten.
Wer seine Karte zuerst belegt hat, hat gewonnen.

2. Spielrunde:

Die ausgeschnittenen Kreise aller Kinder werden gut gemischt und in die Mitte des Tisches gelegt. (Bei größerer Kinderzahl spielen die Kinder an zwei Tischen.) Nun bekommt jedes Kind drei Musterkreise, einen in jeder Größe. Es sucht nun die weiteren Kreise für seine Karte aus der großen Menge heraus. Der Erwachsene muß sich davon überzeugen, daß alle Kreise in genügender Zahl vorhanden sind.
Wer seine Karte zuerst belegt hat, ist Sieger.

3. Spielrunde:

Im dritten Durchgang spielen die Farben keine Rolle. Das Kind muß nur so schnell wie möglich seine Karte mit den richtigen Größen bedecken.

(Die einzelnen Größen sind dann weniger übersichtlich.)
Wer zuerst fertig ist, hat gewonnen.

4. Spielrunde:

Jedem Kind wird eine Farbe gesagt. Es sucht nun alle seine Kreise in der genannten Farbe heraus.

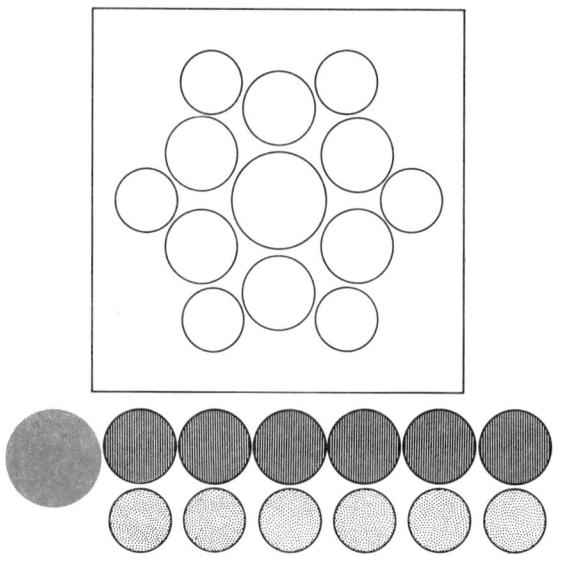

Andere Spielformen:

Das Spiel kann auch als Gruppenwettspiel an zwei Tischen gespielt werden. Dann muß an jedem Tisch die gleiche Anzahl von Kindern vorhanden sein. Sie dürfen sich gegenseitig helfen.
Die Gruppe, die zuerst fertig ist, hat gewonnen.

Eine weitere Spielform wird mit einem Farbwürfel gespielt.

Bei dieser Spielform ist es wichtig, daß die Farben der Kreise mit den Farben des Farbwürfels übereinstimmen. Es müssen genügend Kreise jeder Farbe vorhanden sein, da unter Umständen viele Kinder die gleichen Farben sammeln.

Alle Farbkreise liegen in der Mitte des Tisches in einer Schale. Es wird reihum gewürfelt. Die ersten drei Farben, die ein Kind würfelt, sind „seine Farben". Es bleibt dabei ihm überlassen, welche Farbe es für den großen, die mittleren oder die kleinen Kreise wählen will.

Würfelt es eine seiner Farben, darf es sich einen Kreis der entsprechenden Farbe aus der Schale nehmen. Würfelt es eine andere Farbe oder ist die gewürfelte Farbe schon bedeckt, muß es den Würfel weitergeben, ohne einen Farbkreis nehmen zu können. Wer zuerst seine Karte bedeckt hat, hat gewonnen.

109. Kreis, Dreieck, Quadrat

Lernziel: Geometrische Formen erkennen, Farbkenntnisse

Material: Karton, Buntstifte oder Wasserfarben, Legetafeln, große Dose oder hohe Schachtel

Anzahl der Kinder: 2—12

Vorbereitung: Für jedes mitspielende Kind wird ein Karton oder ein Bogen festes Zeichenpapier von etwa 16×20 cm in zwanzig gleich große Felder eingeteilt. In die drei oberen Felder (mit Ausnahme des Feldes ganz links) zeichnen wir mit Bleistift oder schwarzem Filzstift, nicht mit Farben, einen Kreis, ein Dreieck und ein Quadrat. Die Felder der linken Seite (mit Ausnahme des obersten Feldes) werden rot, blau, gelb, grün ausgemalt. Die Anordnung der Farben und der Formen innerhalb der bezeichneten Felder soll auf den einzelnen Karten möglichst verschieden sein.

Spielregel:

Jedes Kind bekommt eine Karte. In die Mitte des Tisches oder bei größerer Kinderzahl zweier Tische wird eine hohe Schachtel oder breite Dose gestellt, die soviel Legetafeln der entsprechenden Farben und Formen enthält, daß alle Kinder ihre Karten damit bedecken können.

Reihum greifen die Kinder in die Schachtel oder Dose, ohne hineinzusehen, und ziehen eine Legetafel heraus. Sucht ein Kind zu lange in der Schachtel, zählen die übrigen Kinder langsam bis 3. Dann muß das Kind die Hand herausnehmen, auch wenn es keine Legetafel gefunden hat.

Hat ein Kind eine Legetafel herausgenommen, so ordnet es sie nach Form und Farbe auf seiner Karte ein: Ein roter Kreis kommt auf das Feld, das oben einen Kreis und links die rote Farbe hat, ein blaues Quadrat dorthin, wo oben das Quadrat und links die blaue Farbe zu sehen ist usw. Das Kind kann sich dabei nicht an anderen Kindern orientieren, denn Farben und Formen sind jeweils anders verteilt.

Zieht ein Kind eine Legetafel heraus, deren Feld auf seiner Karte bereits besetzt ist, so legt es sie neben die Schachtel auf den Tisch und kann bei dieser Runde kein Feld besetzen.

Sind alle Legetafeln aus der Dose genommen, bevor alle Kinder fertig sind, so werden die neben der Dose liegenden Tafeln wieder in die Dose gelegt, und das Spiel geht weiter.

Das Kind, das seine Karte zuerst richtig belegt hat, hat gewonnen.

Andere Spielform:
Das Spiel kann als Gruppenwettspiel gespielt werden. Die Kinder sitzen je zur Hälfte an einem Tisch. Ein Tisch spielt gegen den anderen. In diesem Fall legt ein Kind eine gezogene Legetafel, für die es keine Verwendung mehr hat, nicht neben die Dose, sondern gibt sie einem anderen Kind seiner Gruppe, dem sie noch fehlt. Bei dieser Spielform kommt es vor allem auf gutes Zusammenspiel der Gruppe an. Der Tisch, der zuerst fertig ist und keine Fehler gemacht hat, hat gewonnen.

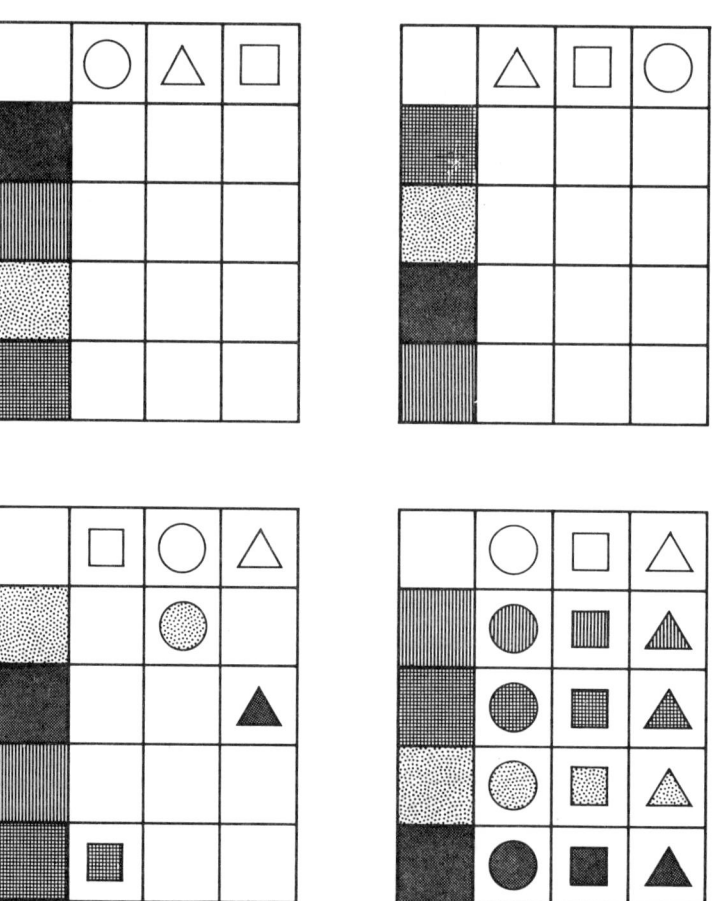

110. Ecken zählen

Lernziel: Geometrische Formen unterscheiden,
Zahlenkreis bis 6, Konzentration
Material: Papier, Bleistifte oder Muggelsteine

Anzahl der Kinder: 2—12
Vorbereitung: Für jedes Kind wird auf einem Blatt
Papier untereinander eine Anzahl verschiedener eckiger geometrischer Figuren aufgezeichnet. Außerdem wird für jedes Kind eine Schale
mit Muggelsteinen oder ein Bleistift bereitgestellt.

Spielregel:

Die Kinder sitzen an einem oder zwei Tischen.
Jedes Kind bekommt ein Blatt mit den aufgezeichneten Figuren und eine Schale mit Muggelsteinen.
Nach einem Startzeichen beginnen alle Kinder,
neben jeder einzelnen Figur die Anzahl ihrer
Ecken durch Muggelsteine zu bezeichnen. Neben
ein Dreieck werden also drei, neben ein Sechs-
eck sechs Muggelsteine gelegt usw.
Wer seine Ecken zuerst richtig gezählt und gelegt
hat, ist Sieger.
Statt Muggelsteinen kann man den Kindern auch
Bleistifte geben und sie die Anzahl der Ecken
durch Punkte neben den Figuren angeben lassen.
Dann ist die Aufgabe für das Kind nicht mehr
korrigierbar, und die Papierblätter mit den aufgezeichneten Formen können nur einmal verwendet werden.
Zum Schluß müssen alle Kinder die Figuren benennen und angeben, wieviel Ecken sie haben:
„Das ist ein Quadrat und hat vier Ecken!" usw.

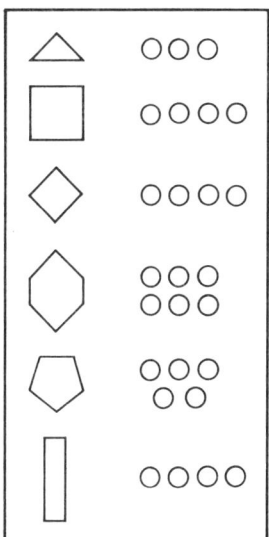
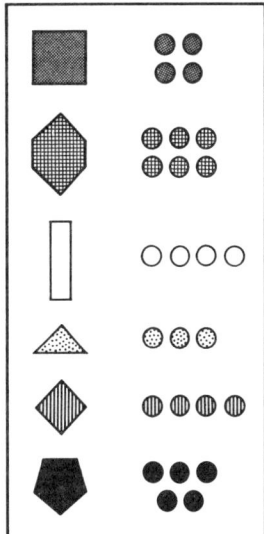

Erschwerte Spielform:

Zeichnet man die einzelnen Figuren nicht mit
Bleistift, sondern mit verschiedenen Buntstiften,
so kann die zusätzliche Aufgabe gestellt werden,
die Anzahl der Ecken der betreffenden Figuren
mit Muggelsteinen der gleichen Farbe zu legen.
Bei allen Kindern müssen Form und Anzahl der
Figuren gleich sein, aber Reihenfolge und Farbe
sollen variieren.

111. Lochbilder

Lernziel: Beobachten, erkennen, Konzentration
Material: Kindliche Bilder aus Zeitschriften und Katalogen, Karton
Anzahl der Kinder: 2—12
Vorbereitung: Für jedes Kind wird ein Bild mit einfachen, klar erkenntlichen Formen aus einer Zeitschrift oder einem Prospekt ausgeschnitten und auf Karton aufgeklebt. Auf jedes Bild zeichnet man an beliebigen Stellen mittels eines Geldstücks sechs bis acht Kreise auf und schneidet sie vorsichtig aus. Die Kreise dürfen dabei nicht zerschnitten werden; man muß sie wieder einsetzen können.
Spielregel:

Jedes Kind bekommt ein Bild mit „Löchern". Die ausgeschnittenen Kreise aller Bilder liegen ausgebreitet, aber gut gemischt, in der Mitte des Tisches.

Nach einem Startzeichen versuchen die Kinder die zu ihrem Bild gehörigen Kreise so schnell wie möglich herauszufinden und ihrem Bild einzufügen.
Nicht passende Kreise müssen sofort wieder zurückgelegt werden.
Wer sein Bild zuerst richtig ergänzt hat, hat das Spiel gewonnen. In der zweiten Runde werden die „Lochbilder" getauscht. Die Kreise müssen wieder gut gemischt und in die Mitte des Tisches gelegt werden.

Andere Spielform:

Spielen mehr als sechs Kinder mit, spielt man an zwei Tischen. Dann kann das Spiel auch als Gruppenwettspiel gespielt werden. Ein Tisch spielt gegen den anderen. Die Kinder eines Tisches dürfen sich untereinander helfen. Gewonnen hat der Tisch, der zuerst alle „Lochbilder" wieder richtig ergänzt hat.

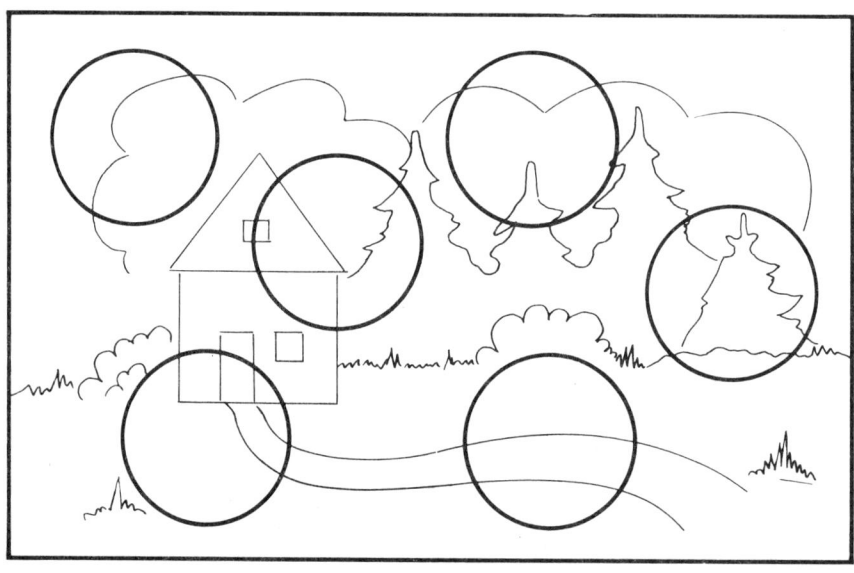

112. Das Leiterspiel

Lernziel: Farbkenntnisse
Material: Karton, Filzstifte, Farbwürfel, sechs Setzfiguren in den Farben des Farbwürfels. (Man kann auch große Muggelsteine verwenden.)

Anzahl der Kinder: 2—6
Vorbereitung: Der Erwachsene schneidet sechs Streifen Karton von etwa 24 cm Länge und 6 bis 8 cm Breite zu. Er zeichnet auf jeden dieser Streifen eine Leiter mit zwölf Sprossen auf. Die Sprossen bekommen die Farben des Farbwürfels, die sich einmal wiederholen. Jede Leiter hat eine andere Farbanordnung, so daß eine Leiter mit rot, die andere mit gelb anfängt usw.

Spielregel:

Die Kinder sitzen um einen Tisch. Jedes Kind bekommt eine „Leiter" und eine Setzfigur, die farblich der untersten Stufe seiner Leiter entspricht. Die Figur wird zunächst neben die Leiter gestellt.
Es wird reihum gewürfelt. Wer die Farbe seiner Setzfigur würfelt, darf diese auf die unterste Sprosse seiner Leiter stellen.
Beim zweiten Wurf muß er die Farbe seiner zweiten Stufe würfeln. Hat er eine andere Farbe gewürfelt, muß seine Figur auf der untersten Sprosse stehenbleiben, und er muß den Würfel weitergeben. Er kann aber seinen Wurf „verschenken", d. h. er kann einem anderen Kind, das die gewürfelte Farbe gerade brauchen kann, erlauben, seine Setzfigur aufsteigen zu lassen. Hat er aber die entsprechende Farbe gewürfelt, die er braucht, darf er seine Figur weitersetzen und noch eimal würfeln.

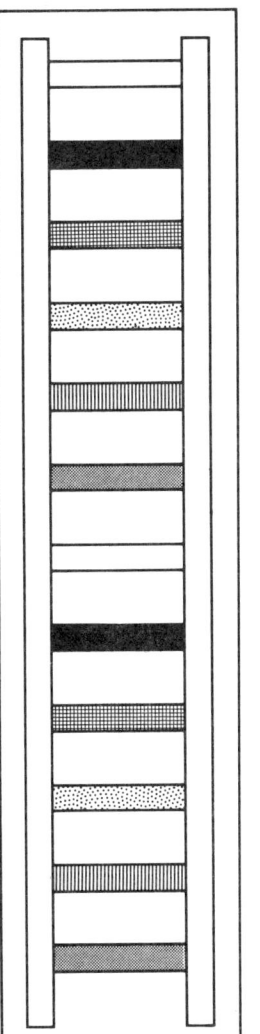

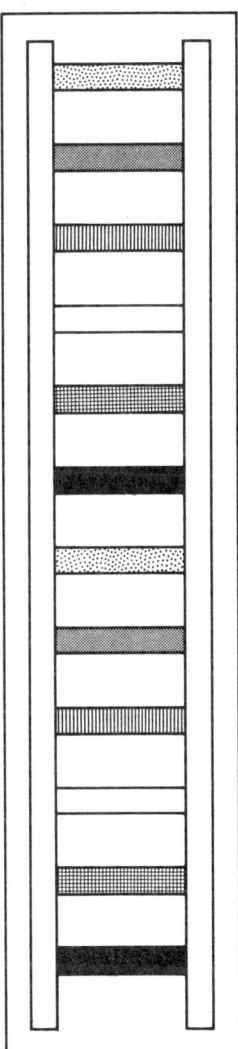

Wer zuerst auf seiner obersten Sprosse angekommen ist, hat gewonnen.

Auf dieselbe Art kann man die Figuren auch wieder absteigen lassen.

Andere Spielform:

Jedes Kind bekommt zwei oder drei gleichfarbige Setzfiguren, die auf die gleiche Weise nebeneinander aufsteigen müssen. Würfelt ein Kind eine Farbe, die es für die erste Figur nicht brauchen kann, kann es die zweite Figur einsetzen oder aufsteigen lassen. Ebenso kann es mit der dritten Figur verfahren. Es stehen dann unter Umständen zwei oder drei Figuren nebeneinander auf einer Sprosse. Das Spiel wird dadurch interessanter.

Auch bei dieser Spielart kann man die Figuren wieder absteigen oder sie bei einem weißen Wurf die ganze Leiter „abrutschen" lassen.

113. Steig auf den Baum

Lernziel: Farbkenntnisse
Material: Fester Karton, Filzstifte, Setzfiguren, Farbwürfel

Anzahl der Kinder: 2—6

Vorbereitung: Für jedes mitspielende Kind wird aus festem Karton eine Karte von etwa 15 × 20 cm zugeschnitten. Auf jede dieser Karten zeichnet man einen Baum mit einem dicken Stamm und vier Ästen. Der Stamm wird in zwölf Teile geteilt, die abwechselnd in den Farben rot — blau — gelb — grün angemalt werden. Jeder Baumstamm muß aber eine andere Reihenfolge der Farben aufweisen: Einmal ist der unterste Abschnitt rot, ein andermal blau usw. In den untersten vier Farbabschnitten müssen alle möglichen Farben vertreten sein, in den oberen können die Farben auch unregelmäßig wechseln. Insgesamt muß aber jede Farbe dreimal auf dem Stamm vertreten sein. Ein weiteres Farbfeld jeder Farbe wird an das Ende der vier Äste gemalt.

Neben den Stamm malt man vier Kreise, einen in jeder Farbe unter den Ast mit der entsprechenden Farbe. Da die Kinder das Spiel sehr gern spielen und nach einiger Übung auch allein spielen können, ist es ratsam, die Karten mit durchsichtiger Folie zu überziehen, um sie haltbarer zu machen.

Spielregel:

Jedes mitspielende Kind bekommt einen „Baum" und vier Setzfiguren, je eine in den Farben rot, blau, gelb und grün. Das Kind setzt die Figuren auf die entsprechenden Kreise neben dem Baum. Es wird mit dem Farbwürfel reihum gewürfelt. Für den ganzen Spielverlauf gilt: Wer weiß würfelt, darf noch einmal würfeln, wer schwarz würfelt, muß eine Runde aussetzen.

Würfelt ein Kind rot, so darf es seine rote Setzfigur auf den untersten roten Abschnitt seines Baumes setzen, würfelt es blau, so darf es die blaue aufsetzen, ganz gleich, wie die Farben in den untersten vier Abschnitten des Stammes angeordnet sind. Würfelt das Kind aber noch einmal rot, bevor alle seine Figuren im Spiel sind, darf es die rote Figur nicht weiterrücken. Es

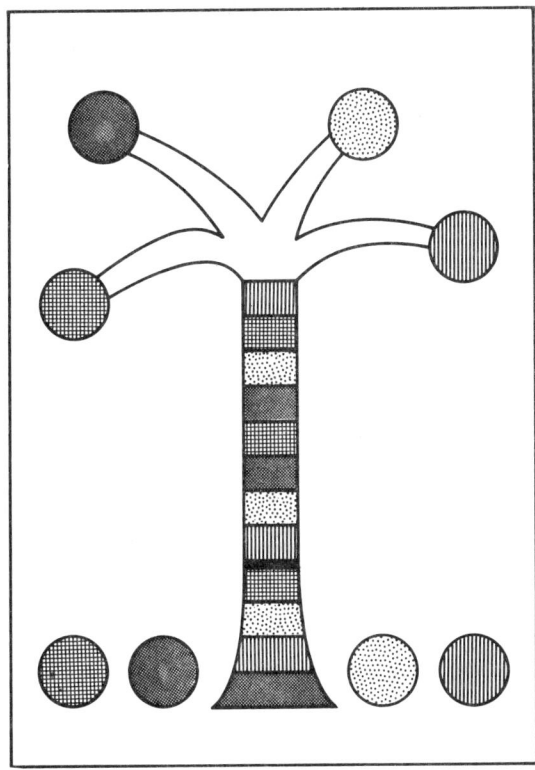

warten, bis *alle* Figuren auf ihrem Ast angelangt sind. Ist also eine rote Figur schon auf dem roten Ast und das Kind würfelt noch einmal rot, so muß es den Würfel weitergeben, ohne eine Figur weitersetzen zu können.

Sind alle vier Figuren auf ihren Ästen angekommen, dürfen sie „abspringen", wenn ihre Farbe gewürfelt wird. Wird also rot gewürfelt, so darf die rote Figur wieder in ihren Kreis neben dem Baum springen usw.

Das Kind, dessen sämtliche Figuren wieder in ihren Kreisen stehen, hat gewonnen.

Bei einer zweiten Runde werden die „Bäume" getauscht.

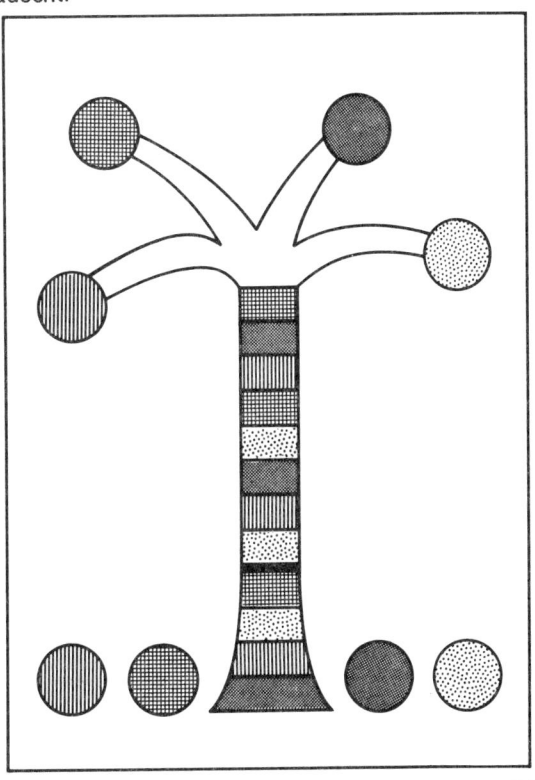

muß also zuerst einmal alle vier Farben gewürfelt und die vier Figuren auf die untersten Abschnitte des Stammes gesetzt haben. Hat es das erreicht, braucht keine Figur mehr auf die andere zu warten. Bei jedem Farbwurf darf eine entsprechende Figur weitergesetzt werden, immer auf die entsprechende Farbe. Eine rote Setzfigur muß also immer auf einem roten Feld stehen und darf nur bei einem roten Wurf weitergesetzt werden, eine blaue muß immer auf einem blauen Feld stehen usw. Zuerst rücken die Figuren auf die Felder auf dem Stamm vor, dann springen sie auf den Ast mit ihrer Farbe. Dort müssen sie

114. Kreis besetzen

Lernziel: Farbkenntnisse, Zahlenkreis bis 6
Material: Karton, Buntstifte, Setzfiguren oder Muggelsteine, zwei Farbwürfel

Anzahl der Kinder: 4—12
Vorbereitung: Es werden zwei quadratische Kartonscheiben von etwa 40 cm Seitenlänge zugeschnitten. Auf jeden Karton wird ein Doppelkreis gezeichnet, der in eine durch vier teilbare Zahl von Feldern eingeteilt wird. Jedes Feld bekommt einen farbigen Punkt, und zwar abwechselnd rot, blau, gelb und grün. Eine Stelle wird als Anfang markiert.
Setzfiguren oder Muggelsteine werden zweimal in der gleichen Anzahl, wie der Kreis Felder hat, ebenfalls in den gleichen Farben in zwei Schalen bereitgestellt.

Spielregel:

Das Spiel ist ein Gruppenspiel. Die Kinder werden in zwei gleich große Gruppen eingeteilt, deren jede um einen Tisch sitzt. In der Mitte der Tische liegt je ein Karton mit dem aufgezeichneten Kreis. Außerdem kommt auf jeden Tisch eine Schale mit Setzfiguren.
Die Kinder würfeln an jedem Tisch reihum. Zuerst muß die Farbe des ersten Feldes neben dem markierten Anfang gewürfelt werden. Es ist rot. Am ersten Tisch beginnt Elisabeth mit Würfeln. Würfelt sie rot, darf sie eine rote Setzfigur aus der Schale nehmen und das erste Feld damit besetzen. Würfelt sie nicht rot, gibt sie den Würfel an das zweite Kind, Andreas, weiter. Würfelt Andreas rot, darf er das erste Feld besetzen. Nun muß die zweite Farbe, blau, gewürfelt werden.

Das dritte Kind muß also blau würfeln usw. Es darf immer nur der Reihe nach besetzt werden. Würfelt ein Kind weiß, so darf es den Wurf wiederholen. Würfelt es schwarz, muß es eine Runde aussetzen.
Der Tisch, der seinen Kreis zuerst voll besetzt hat, hat gewonnen.

Andere Spielform:

Bei dieser Spielform muß der Kreis eine größere Anzahl Felder enthalten, mindestens 40.
Man spielt mit einem Zahlenwürfel. Bei einem Wurf von 1, 2, 3 und 4 darf die entsprechende Anzahl Setzfiguren in den Farben, die gerade an der Reihe sind, von dem Kind, das gewürfelt hat, aufgesetzt werden. Bei 5 darf keine Figur aufgesetzt werden und bei 6 muß eine Figur zurückgelegt werden. Zuletzt muß genau die Zahl gewürfelt werden, die notwendig ist, um die noch freien Felder zu besetzen. Sind also z. B. noch drei Felder frei, so muß entweder eine 3 gewürfelt werden, oder man kann bei einer 2 noch zwei weitere Felder besetzen und muß dann auf eine 1 warten. Der Wurf 4 ist also bei nur noch drei freien Feldern unbrauchbar. Gewonnen hat der Tisch, der zuerst alle Felder besetzt hat.

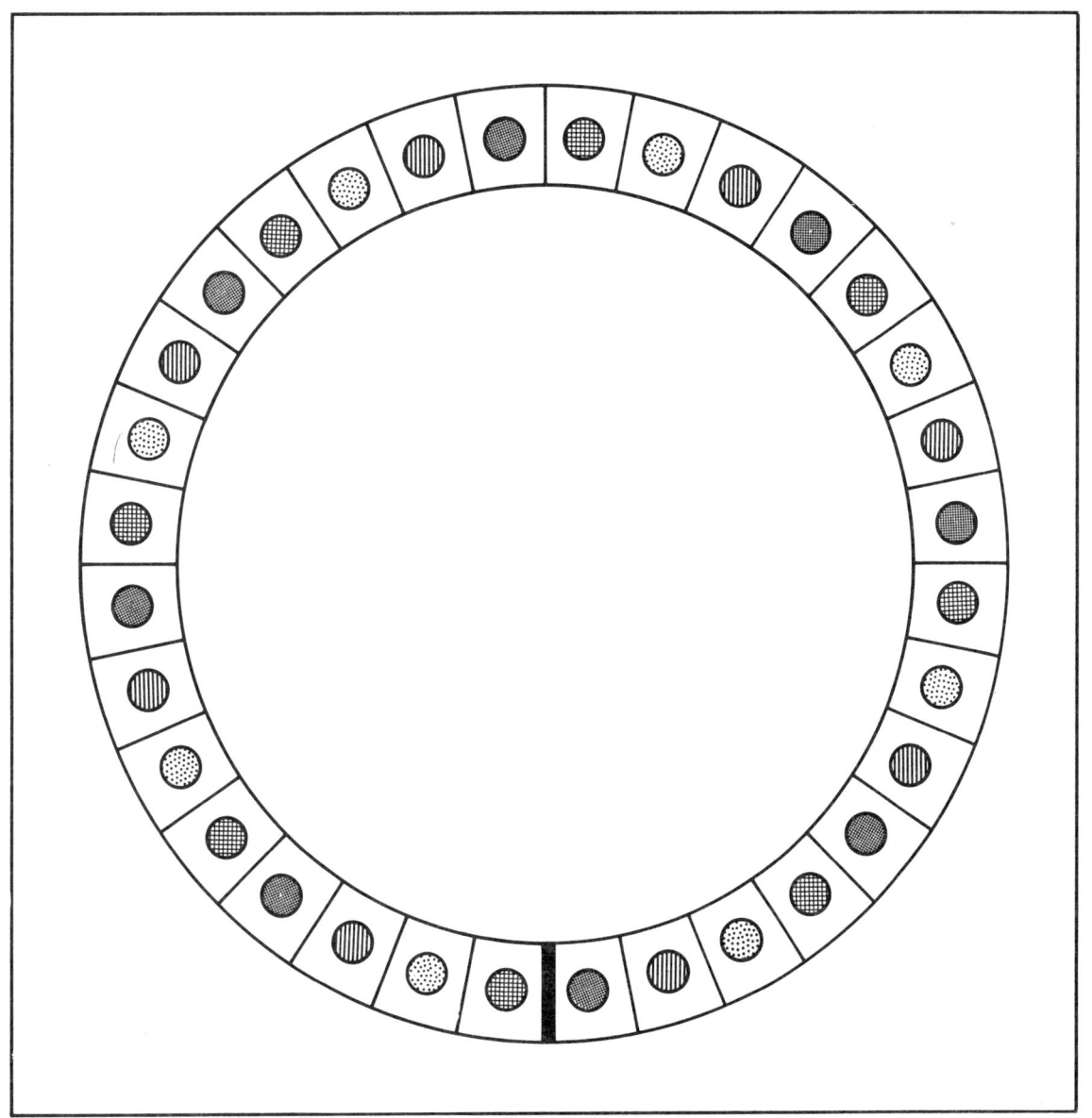

115. Von einem Haus zum andern

Lernziel: Räumliche Beziehungen, denken, Zahlenkreis bis 10

Material: Zeichenpapier, Bleistifte, Buntstifte

Anzahl der Kinder: 2—10

Vorbereitung: Für jedes Kind zeichnet der Erwachsene auf ein kleines Zeichenblatt in unregelmäßigen Abständen zehn kleine einfache Häuser. In jedes der Häuser zeichnet er eine Punktzahl, aber nicht der Reihe nach, sondern willkürlich verteilt. Auf jedem Blatt sollen die einzelnen Zahlen anders verteilt sein.

Spielregel:

Jedes Kind bekommt ein Zeichenblatt mit der aufgezeichneten Zahlenhäusern und einen Bleistift.

Der Erwachsene erzählt eine Geschichte:

„Jeder von euch hat ein Zeichenblatt. Darauf ist ein Dorf mit vielen Häusern zu sehen. In jedem Haus wohnen Leute. Aber es wohnen nicht gleichviel Leute in jedem Haus, sondern in einem wohnen zwei, in einem andern wohnen drei, in einem sogar zehn Leute. Zählt mal die Leute, die in einem eurer Häuser wohnen!"

Wenn die Kinder den Auftrag ausgeführt haben, sagt er weiter: „In einem Haus wohnt ein Mann

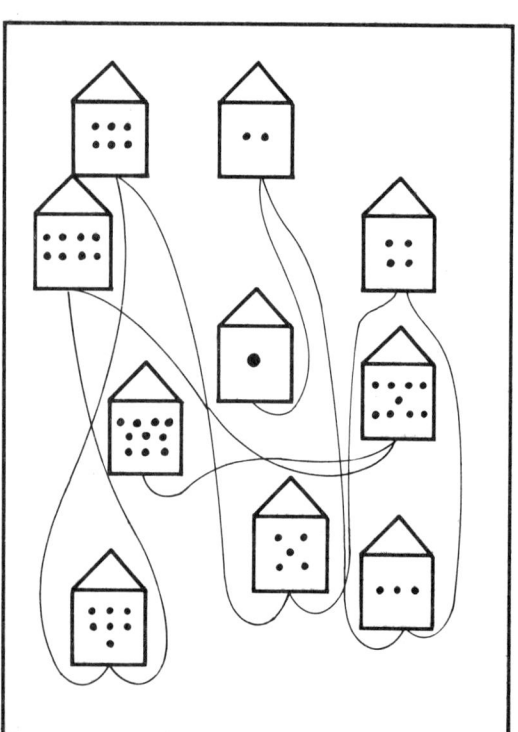

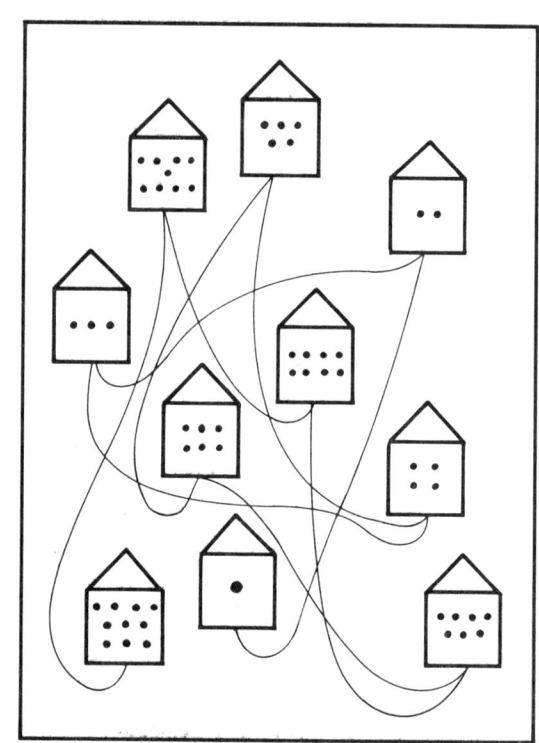

ganz allein. Zeigt mir euer Haus, in dem nur ein Mann wohnt!"

Die Kinder zeigen auf ihrem Blatt jeweils das Haus mit einem Punkt.

Der Erwachsene erzählt weiter: „Dem Mann ist es zu einsam in seinem Haus. Er beschließt, alle anderen Leute des Dorfes zu besuchen. Er will sie alle an einem Tag besuchen. Darum hat er nicht allzuviel Zeit. Er muß sich ein bißchen beeilen. Er muß also die kürzesten Wege suchen. Damit er aber kein Haus vergißt, nimmt er sich vor, die Häuser in einer bestimmten Reihenfolge zu besuchen. Und zwar will er von seinem Haus aus, wo er allein wohnt, zuerst zu dem Haus gehen, wo zwei Leute wohnen. Von dort will er gleich zu dem Haus gehen, in dem drei Leute wohnen, und so immer weiter, bis er zu dem Haus kommt, wo die meisten Leute, nämlich zehn, wohnen. Und dort will er dann zum Abendessen bleiben, bevor er wieder nach Hause geht.

Nun nehmt euren Bleistift und zeichnet den Weg, den euer Mann macht. Paßt gut auf und macht keine Fehler. Von seinem Haus aus geht er fort, erst zum Haus mit zwei Leuten, dann zum Haus mit drei Leuten und immer so weiter. Denkt daran, daß er immer die kürzesten Wege gehen muß.

Nun will ich sehen, welcher Mann zuerst im Haus mit zehn Leuten ankommt!"

Das Kind, das zuerst die Verbindungslinien zwischen den Häusern richtig gezeichnet hat, hat gewonnen.

Man kann den Kindern einen Buntstift geben und sie damit den Weg zeigen lassen, den der Mann am Abend zurückgeht. Er geht direkt von Haus 10 zu Haus 1.

Andere Spielform:

Man kann je zwei bis drei Kindern zusammen ein vorbereitetes Zeichenblatt geben und läßt sie gemeinsam überlegen, wie der Mann gehen muß. Dann darf der Weg erst nach reiflicher Überlegung aufgezeichnet werden.

Gewonnen hat die Gruppe, die keinen falschen Strich gezeichnet hat.

116. Gleiche Größe

Lernziel: Größenunterschiede, denken
Material: Karton oder Zeitungen, Buntstifte oder
Wasserfarben

Anzahl der Kinder: 3—6
Vorbereitung: Es werden 36 Karten in der Größe
von Quartettkarten zugeschnitten. Sie werden
in sechs Serien zu je sechs Karten eingeteilt.
Auf jede Serie wird dasselbe Motiv aufgezeichnet und ausgemalt, aber in drei verschiedenen
Größen. Es gibt also z. B. zwei Karten mit
einem großen Haus, zwei mit einem mittleren
und zwei mit einem kleinen Haus, zwei Karten
mit einem großen Mond, zwei mit einem mittleren und zwei mit einem kleinen. Der Größen-
unterschied muß deutlich erkennbar sein. Die
beiden gleich großen Gegenstände müssen
sich wirklich decken.
Man kann aufzeichnen: Blume, Blatt, Baum,
Mond, Stern, Sonne, Haus, Fenster, Tisch,
Stuhl, Bett, Ball, Luftballon, Drachen, Hampel-
mann, Löffel, Gabel, Messer, Schere, Hammer,
Zange, Spaten, Gießkanne usw.
Man braucht außerdem für jedes Kind eine
zusammenklappbare dreiteilige Wand wie in
Spiel Nr. 91, die man aus Karton oder gefalteten Zeitungen herstellt.

Spielregel:

Jedes Kind bekommt eine gefaltete Schutzwand,
die es vor sich aufstellt. Hinter dieser Wand kann
es seine Karten ausbreiten, ohne daß seine Nachbarn sie sehen können.
Die 36 Karten werden gut gemischt und unter die
mitspielenden Kinder verteilt. Die Kinder sehen
sich ihre Karten gut an. Haben sie zwei Karten,
die nicht nur im Motiv, sondern auch in der *Größe*
des Motivs gleich sind, können sie ablegen. Sie
zeigen sie zur Kontrolle dem Erwachsenen und
legen sie dann verdeckt neben ihre Wand. Von
ihren restlichen Karten geben sie dann eine an
ihren rechten Nachbarn ab. Der Nachbar nimmt
die Karte und vergleicht sie mit seinen eigenen.
Hat er die gleiche Karte (er muß gut auf die
Größe achten!), kann er die beiden ablegen. An-
dernfalls kann er die erhaltene Karte oder eine
von seinen eigenen an seinen nächsten Nachbarn weitergeben.
So geht es reihum weiter, bis alle Karten paar-
weise geordnet sind. Wer die meisten Paare ablegen konnte, hat gewonnen.

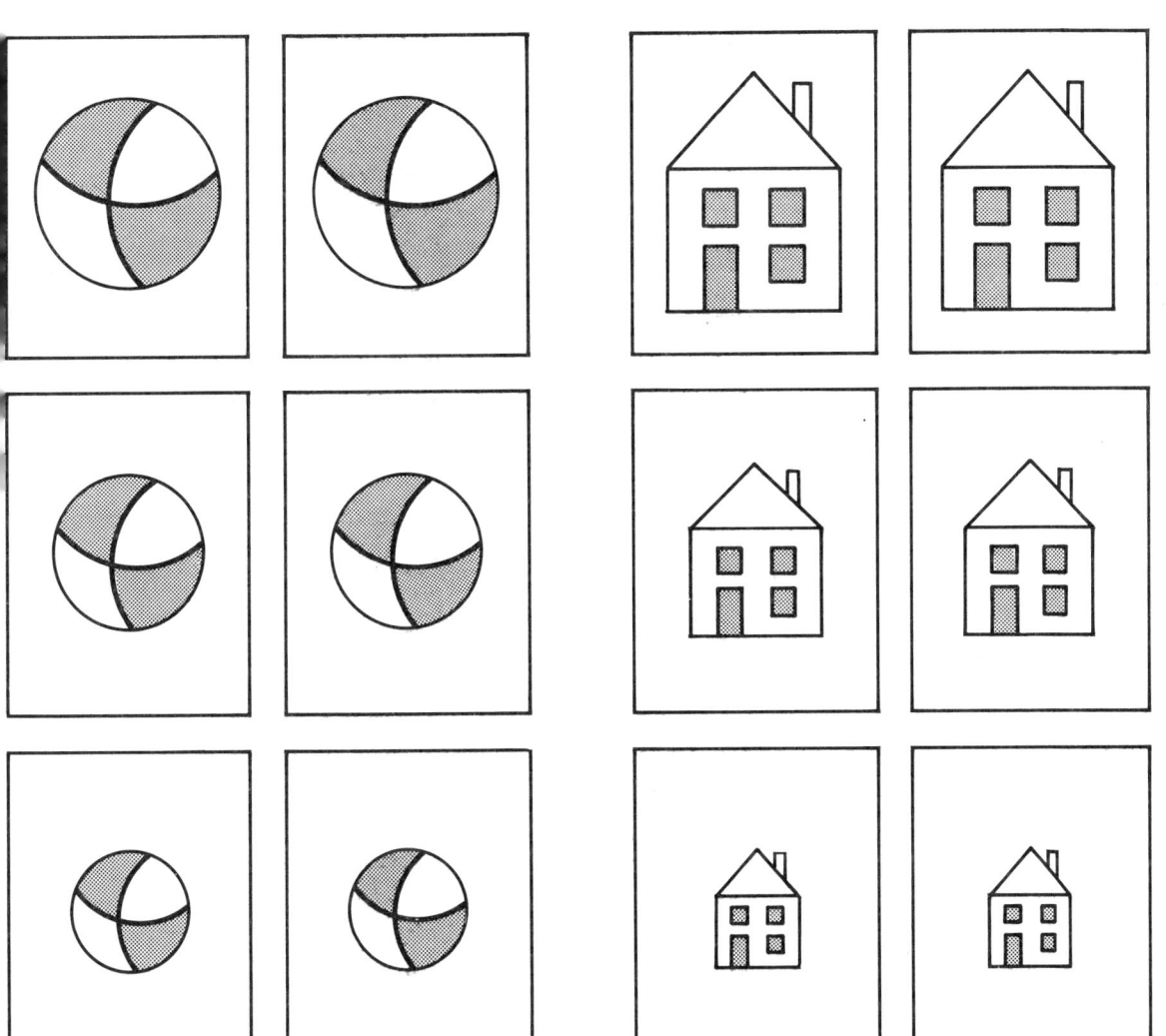

117. Viele oder wenige Dinge

Lernziel: Mengenunterschiede erkennen
Material: Karton, Buntstifte oder Wasserfarben, Schutzwände

Anzahl der Kinder: 3—6
Vorbereitung: Es werden 36 Karten in Spielkartengröße zugeschnitten. Man teilt sie in Serien zu je vier Karten ein. Auf jede Serie wird der gleiche einfache Gegenstand gezeichnet, auf zwei Karten jedoch in geringerer (2—4) und auf zwei Karten in größerer (6—12), aber jeweils gleicher Anzahl. Man kann z. B. aufzeichnen: Sterne, Kugeln, Herzen, Ringe, Pilze, Glocken, Eier, Blätter, Monde oder auch kleine geometrische Figuren.
Man braucht für jedes Kind eine Schutzwand wie in Spiel Nr. 91, die man aus Karton oder Zeitungen herstellt.

Spielregel:

Die Karten werden gut gemischt und unter die mitspielenden Kinder verteilt. Die Kinder betrachten ihre Karten im Schutz der aufgestellten Wände. Haben sie zwei Karten mit dem gleichen Gegenstand gefunden, müssen sie feststellen, ob viele oder wenige Dinge darauf zu sehen sind. Stimmen ihre beiden Karten auch in der Menge überein, können sie nach Kontrolle durch den Erwachsenen abgelegt werden. Im übrigen wird das Spiel wie Spiel Nr. 116 gespielt.

Erschwerte Spielform:

Das Spiel wird schwerer, wenn die gezeichneten Gegenstände zwar auf zwei Karten in derselben Zahl (also entweder viel oder wenig), aber nicht in der gleichen Anordnung zu sehen sind. Das Kind ist dann gezwungen, genauer hinzusehen und evtl. nachzuzählen.

18. Viele Farben

Lernziel: Mischfarben und Farbschattierungen
Material: Weißer Karton oder festes Zeichenpapier, Buntpapier oder Wasserfarben

Anzahl der Kinder: 2—6
Vorbereitung: Es wird eine große Anzahl kleiner quadratischer Karten mit einer Seitenlänge von 4 bis 5 cm gebraucht. Für jedes mitspielende Kind braucht man 12 bis 20 Stück.
Aus Buntpapier (nicht nur Grund-, sondern auch Mischfarben und verschiedene Farbtönungen!) schneidet man je zwei kleine Kreise oder Quadrate und klebt sie auf je zwei Karten. Statt mit Buntpapier zu bekleben, kann man die Karten auch mit Wasserfarben bemalen. Dabei muß man darauf achten, daß jeweils die zwei Karten, die die gleiche Farbe haben, keine Schattierungen aufweisen. Sie müssen deutlich als die gleiche Farbe erkennbar sein. Für jedes Kind müssen sechs bis zehn Farben oder Farbschattierungen vorhanden sein.

Spielregel:

Jedes Kind bekommt die gleiche Serie Karten von etwa 12 bis 20 Stück, von denen je zwei die gleiche Farbe oder Farbschattierung aufweisen. Jede Serie muß gut gemischt sein.
Der Erwachsene gibt das Zeichen zum Beginn. Die Kinder sortieren die Karten nach Farben und Schattierungen. Jeweils die zwei gleichfarbigen Karten werden übereinandergelegt. Wer zuerst seine Karten richtig geordnet hat, hat gewonnen.

Erschwerte Spielformen:

Das Spiel wird schwerer, wenn nicht jede Farbe zweimal, sondern eine nur einmal, die andere vielleicht dreimal vorhanden ist usw.
Das Spiel ist auch schwerer, wenn auf den beiden zusammengehörigen Karten zwar zwei in der Farbtönung gleiche, aber in der Form verschiedene Farbbilder gezeigt werden.

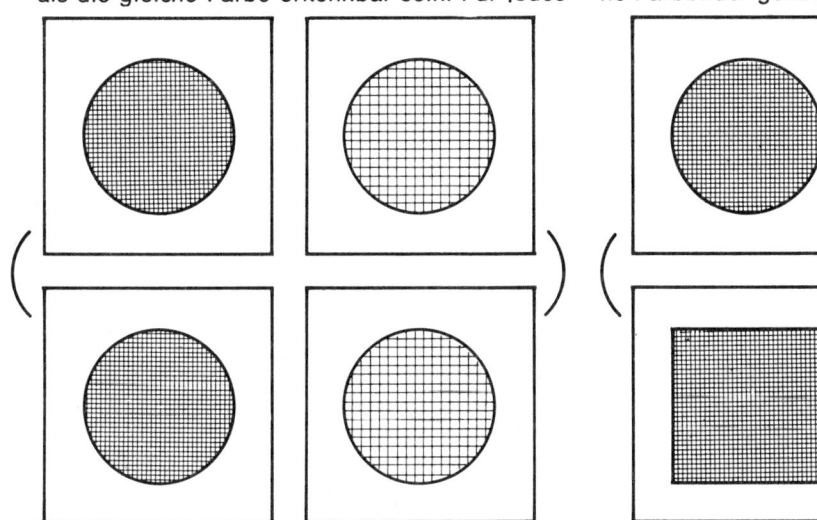 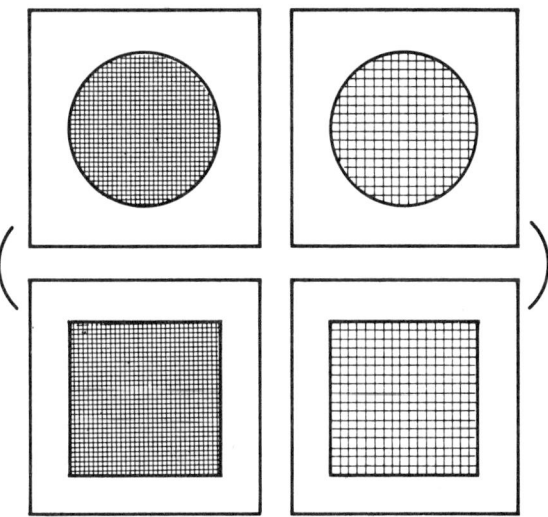

119. Hell und dunkel

Lernziel: Farbunterschiede und Schattierungen
Material: Weißer Karton oder festes Zeichenpapier, Wasserfarben

Anzahl der Kinder: 3—6
Vorbereitung: Der Erwachsene schneidet 36 Karten in Spielkartengröße aus Karton oder festem Zeichenpapier zu. Auf jede Karte zeichnet er einen Kreis, den er mit Wasserfarben ausmalt. Je zwei Karten gehören zusammen. Eine von ihnen bekommt einen Kreis in dunkler, eine in heller Schattierung einer Farbe. Von zwei roten Kreisen ist also einer etwas heller als der andere. Auch die Mischfarben wie orange, braun, blau-grün, violett, grau und rosa werden in zwei Schattierungen dargestellt. Man achte darauf, daß der Tönungsunterschied der beiden Karten nicht zu groß ist.

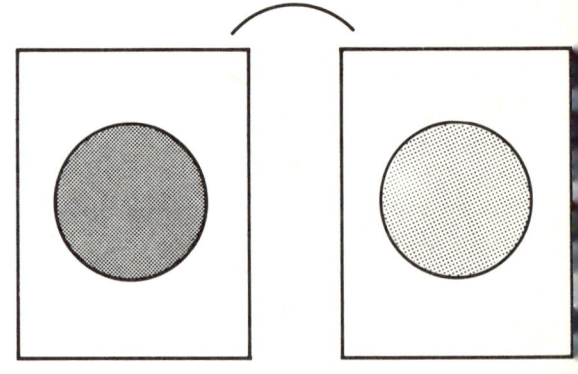

Spielregel:

Die Karten werden gut gemischt und gleichmäßig unter die Kinder verteilt.
Jedes Kind vergleicht seine Karten. Hat es zwei Karten der gleichen Farbe in verschiedener Schattierung, kann es sie ablegen.
Dann ziehen die Kinder reihum jeweils vom Nachbarn eine Karte. Sie vergleichen die gezogene Karte wieder mit ihren vorhandenen. Zusammengehörige Karten dürfen wieder abgelegt werden. Wer zuletzt die meisten Karten ablegen konnte, hat gewonnen.

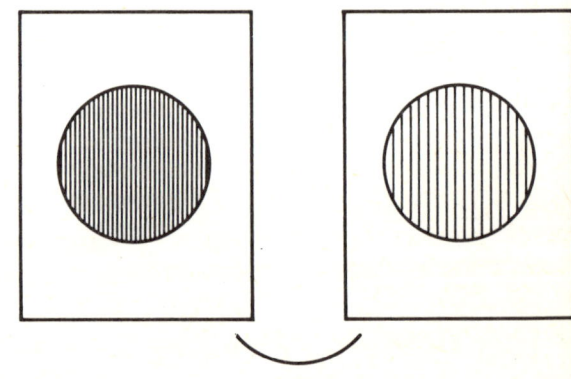

120. Rauh und glatt

Lernziel: Der Tastsinn soll geübt werden
Material: Karton, Stoffreste, Reste von Metallfolie und Klebefolie, Schreibpapier, Zeichenpapier, Glaspapier usw., Uhu, Papiertüten

Anzahl der Kinder: 2—6
Vorbereitung: Für jedes Kind braucht man 10 bis 20 Karten von der Größe einer Postkarte, die man fertig kauft oder aus Karton zuschneidet. Immer zwei Karten gehören zusammen. Aus Stoffresten, Glaspapier, verschiedenen Papiersorten usw. schneidet man je zwei Rechtecke zu, die etwas kleiner sind als die Postkarten. Man klebt sie auf die Postkarten auf. Sie müssen vor allem an den Rändern gut kleben. Man hat dann für ein Kind etwa:
zwei Karten mit glattem Stoff,
zwei Karten mit rauhem Stoff,
zwei Karten mit glattem Schreibpapier,
zwei Karten mit rauhem Zeichenpapier,
zwei Karten mit feinem Glaspapier,
zwei Karten mit grobem Glaspapier,
zwei Karten mit Metallfolie,
zwei Karten mit Klebefolie,
zwei Karten mit dünnem Leder,
zwei Karten mit dünnem Schaumstoff usw.
Für jedes Kind muß die gleiche Serie vorhanden sein.

Spielregel:

Jedem Kind wird eine große Papiertüte über den Kopf gezogen, so daß es nichts mehr sehen kann. Man gibt ihm eine gut gemischte Serie Karten in die Hand.
Hat der Erwachsene das Zeichen zum Beginn gegeben, beginnen die Kinder, ihre Karten abzutasten und zu sortieren. Glauben sie, zwei gleiche Karten gefunden zu haben, legen sie sie übereinander vor sich hin.
Wer fertig ist mit Sortieren, nimmt die Tüte ab und sagt: Ich bin der erste, bzw. zweite usw. Er darf die abgelegten Karten nicht berühren. Erst wenn alle Kinder fertig sind, wird kontrolliert, wer richtig sortiert hat. Kinder, die Fehler gemacht haben, scheiden aus der Reihenfolge aus. Sieger ist, wer keinen Fehler gemacht und die kürzeste Zeit gebraucht hat.

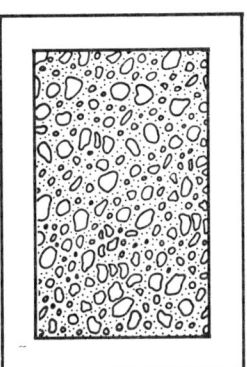

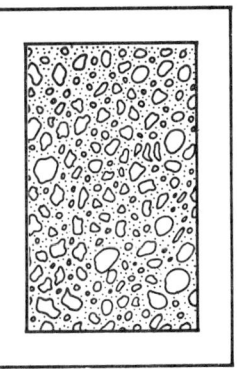

121. Bunte Rechtecke

Lernziel: Größenunterschiede abschätzen
Material: Bunter Karton oder weißer Karton und
  Wasserfarben

Anzahl der Kinder: 3—6
Vorbereitung: Aus rotem, blauem, gelbem, grünem, weißem und schwarzem Karton schneidet
  man je sechs Rechtecke. Diese Rechtecke sind
  verschieden groß und zwar: 8×6 cm, 7×6 cm,
  7×5 cm, 6×5 cm, 6×4 cm, 5×4 cm. Jede Größe
  muß also in jeder Farbe einmal vorhanden sein.
  Im ganzen sind es 36 Rechtecke.
  Man kann die Rechtecke auch aus weißem Karton schneiden und mit Wasserfarben anmalen.
  Man teilt die Rechtecke so ein, daß jedes Kind
  eine Serie von sechs Rechtecken verschiedener
  Größe und verschiedener Farben bekommt. Jedes Kind hat also nur die Größen, nicht aber
  die Farben der Rechtecke mit seinen Nachbarn
  gleich.

Spielregel:

Jedes Kind bekommt eine Serie Rechtecke. Es
hält die Karten auf dem Schoß in der Hand und
läßt sich nicht hineinsehen. Susanne beginnt das
Spiel. Sie legt ein beliebiges Rechteck in die Mitte
des Tisches. Dann zählt sie langsam bis 10. Wäh-
renddessen schätzen die anderen Kinder ab, welche ihrer Karten dieselbe Größe hat wie die aufgelegte. Sie können sich dabei nicht an der Farbe
orientieren. Sie legen die Karte, die sie für gleich

groß halten, neben Susannes Karte. Hat ein Kind
bei 10 noch keine Karte ausgesucht, muß es eine
beliebige hinlegen.
Nun wird festgestellt, wer die richtige Größe ab-
geschätzt hat. Das kann auch durch Auflegen ge-
schehen. Die Karten, die richtig ausgesucht wurden, also dieselbe Größe wie Susannes Karte
haben, und Susannes Karte werden vom Erwachsenen eingesammelt. Karten mit falscher Größe
müssen von den Kindern, die sie aufgelegt haben,
zurückgenommen werden.
Susanne legt wieder eine ihrer Karten auf und
zählt bis 10. Wenn Susanne alle ihre Karten aufgelegt hat, wird festgestellt, wieviel Karten die
einzelnen Kinder noch haben. Wer keine Karten
mehr oder die wenigsten Karten hat, hat gewonnen und darf bei der nächsten Runde „auflegen".
Haben mehrere Kinder alle oder die gleiche Zahl
Karten richtig aufgelegt, so ermittelt man das
Kind, das „auflegen" soll, auf folgende Art:
Man legt so viele verschiedenfarbige Karten einer
Größe auf den Tisch, wie Kinder in Frage kommen.
Ein Kind nennt eine der aufgelegten Farben. Dann
mischt man die Karten gut und legt sie verdeckt
in eine Schale. Jedes Kind zieht eine der Karten
aus der Schale. Wer die genannte Farbe gezogen
hat, darf „auflegen".

Leichtere Spielform:

Mit jüngeren Kindern kann man das Spiel mit einfarbigen Karten, also nur mit weißen oder mit
roten, spielen. Dann ist das Abschätzen der Größe
leichter.

122. Das gleiche Muster (F)

Wir gehn im Kreis her - um und se - hen uns nicht um.

Du ar - mer Mann, was fängst du an? Du

bist ja ganz al - lein und kannst nicht fröh - lich sein.

Lernziel: Erkennen und beobachten, Konzentration

Material: Tapetenreste oder gemustertes Einwikkelpapier, Schnüre oder Bänder

Anzahl der Kinder: 7—25, ungerade Zahl

Vorbereitung: Der Erwachsene schneidet aus Tapetenresten oder verschiedenem gemustertem Papier so viele Quadrate von ungefähr 12 cm Seitenlänge zu, als Kinder mitspielen, außerdem drei bis vier weitere Quadrate derselben Größe. Je zwei Quadrate werden aus derselben Tapete oder demselben Papier geschnitten bis auf die überzähligen drei bis vier Quadrate, von denen jedes ein eigenes Muster haben muß.

Alle Quadrate werden mit Schnüren oder Bändern versehen, die so lang sein müssen, daß man sie den Kindern umhängen kann.

Spielregel:

Die Kinder stehen im Kreis, mit dem Gesicht nach außen. Der Erwachsene mischt die Quadratpaare und eins der einzelnen. Er muß im ganzen so viele Quadrate haben, wie Kinder mitspielen. Er geht außen um den Kreis und hängt jedem Kind ein Quadrat um, so daß es ihm auf der Brust aufliegt. Die Kinder sehen sich ihr eigenes Quadrat gut an. Dann fassen sie sich an, gehen — immer noch mit dem Gesicht nach außen — im Kreis herum und singen nach dem ersten Teil der oben angegebenen Melodie:

„Wir gehn im Kreis herum und sehen uns nicht um."

Der Erwachsene klatscht in die Hände. Alle Kinder drehen sich rasch um und schauen so schnell wie möglich alle umgehängten Quadrate der an-

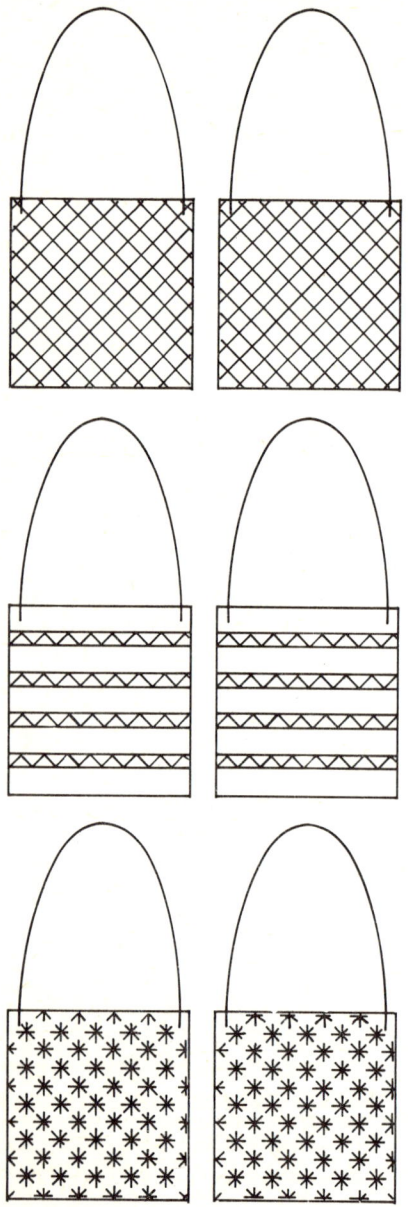

deren an. Haben sie bei einem Kind das gleiche Muster wie ihres entdeckt, so laufen sie schnell zu diesem Kind und fassen es an. Haben alle Kinder ihren Partner gefunden, bleibt ein Kind übrig,

etwa Thomas, dessen Muster nur einmal vorhanden ist. Er muß in die Mitte des Kreises gehen.

Die anderen Kinder klatschen in die Hände und singen nach dem zweiten Teil der oben angegebenen Melodie:

„Du armer Mann, was fängst du an?
Du bist ja ganz allein und kannst nicht fröhlich sein."

Nun darf Thomas die Quadrate einsammeln. Sein Quadrat wird gegen ein anderes einzelnes ausgetauscht. Die Quadrate werden wieder gut gemischt.

Alle Kinder bilden wieder einen Kreis mit dem Gesicht nach außen. Das Spiel beginnt von vorn.

Der Erwachsene muß dafür sorgen, daß bei jedem Spiel ein anderes Kind das einzelne Quadrat bekommt.

23. Wer gehört zusammen? (F)

Lernziel: Beobachten und erkennen

Material: Fester Karton, Buntstifte, Schnüre oder schmale Bänder

Anzahl der Kinder: 8—24, gerade Zahl

Vorbereitung: Für jedes mitspielende Kind wird ein Karton in der Größe einer Postkarte zugeschnitten. Der Erwachsene zeichnet auf je zwei Karten die gleiche einfache Form, aber auf jeder Karte in einer anderen Farbe. Eine Karte hat z. B. eine rote Blume, eine zweite eine gelbe; eine Karte hat einen blauen Ball, die andere einen roten; eine Karte hat einen gelben Stern, die andere einen blauen usw. Jede Karte bekommt eine Schnur oder ein schmales Band zum Umhängen, nicht zu lang. Die Karte soll dem Kind auf der Brust hängen und darf es beim Laufen nicht hindern.
Die Karten werden in zwei gleiche Teile geteilt, so, daß jede Form, wenn auch in unterschiedlicher Farbe, in jedem Teil enthalten ist.

 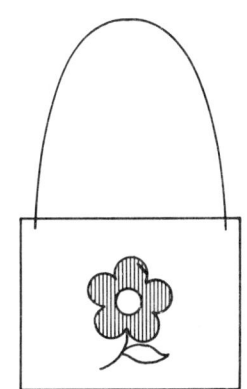

Spielregel:

Das Spiel wird im Freien gespielt. Die Kinder werden in zwei gleich große Gruppen geteilt. Jedes Kind der Gruppe I bekommt eine Karte und hängt sie sich um. Diese Kinder stellen sich in einer Reihe nebeneinander auf.
Die Gruppe II steht in einer Reihe hintereinander in einiger Entfernung und hat noch keine Karten.
Das vorderste Kind der Gruppe II ist Martin. Der Erwachsene hängt ihm eine beliebige Karte der zweiten Hälfte der Karten um. Martin schaut seine Karte an, läuft vor die Gruppe I und sieht sich rasch die Karten dieser Reihe an. Hat er z. B. einen roten Ball und entdeckt nun bei Elisabeth einen blauen Ball, so muß er rufen: „Elisabeth!" und läuft schnell weg. Erst jetzt darf Elisabeth versuchen, ihn zu fangen, selbst wenn sie schon vorher erkannt hat, daß sie die zu ihm passende Karte hat. Hat Martin ein falsches Kind aufgerufen, so stellt er sich hinten an seiner Reihe wieder an. Er kommt dann später noch einmal dran. Hat er aber Elisabeth richtig erkannt, so ist er darauf bedacht, sich nicht von Elisabeth fangen zu lassen. Fängt Elisabeth Martin nicht bald, zählen die Kinder langsam bis 10. Hat sie dann Martin noch nicht gefangen, klatscht der Erwachsene in die Hände. Elisabeth und Martin müssen ihre Rollen tauschen. Martin muß Elisabeth fangen. Die Kinder zählen wieder bis 10.
Die Kinder, die ihren Partner gefangen haben, stellen sich mit ihm auf eine Seite, die ihn nicht fangen konnten, gehen mit ihm auf die andere Seite.
Nacheinander bekommt jedes Kind der Gruppe II eine Karte und versucht, das zu ihm gehörende Kind zu finden und sich nicht fangen zu lassen. Haben alle Kinder der Gruppe II, auch die, die

im ersten Durchgang einen falschen Namen nannten, ihren Partner gefunden und sich mit ihm auf die entsprechende Seite gestellt, ist das erste Spiel zu Ende. Die Kinder, die ihren Partner nicht fangen konnten, scheiden aus. Die andere Seite spielt noch einmal, aber die Gruppen I und II tauschen ihre Stellung.

Die ausgeschiedenen Kinder beobachten das Spiel und zählen bis 10, wenn es notwendig ist. Die Karten der zweiten Gruppe werden gemischt, so daß in dieser Runde jedes Kind einen anderen Partner bekommt.

Das Spiel kann so lange wiederholt werden, bis nur noch ein Paar übrig ist, das gewonnen hat.

Stellung der Kinder:

Paare, die sich fangen **konnten**

◯

CCCCCCCCCCC
Gruppe II

◯

Paare, die sich nicht fangen konnten

Gruppe I

124. **Gebt euch die Hand!**

Lernziel: Erkennen, zuordnen
Material: Legetafeln oder Karton und Buntstifte, Materialschalen

Anzahl der Kinder: 8, 12 oder 16
Vorbereitung: Es werden Legetafeln vorbereitet, von denen jeweils zwei zusammengehören, etwa roter Kreis und blauer Kreis, gelbes Quadrat und grünes Quadrat, rotes Dreieck und grünes Dreieck. Statt Legetafeln kann man auch aus Karton Karten in der Größe von Spielkarten schneiden und darauf einfache Gegenstände in zwei verschiedenen Farben aufzeichnen: rote Blume und blaue Blume, gelbes Haus und weißes Haus, blauer Stern und gelber Stern usw. Die Anzahl der Legetafeln oder Bildkarten richtet sich nach der Anzahl der mitspielenden Kinder. Es müssen so viele Legetafeln oder Bildkarten vorhanden sein, als Kinder mitspielen.

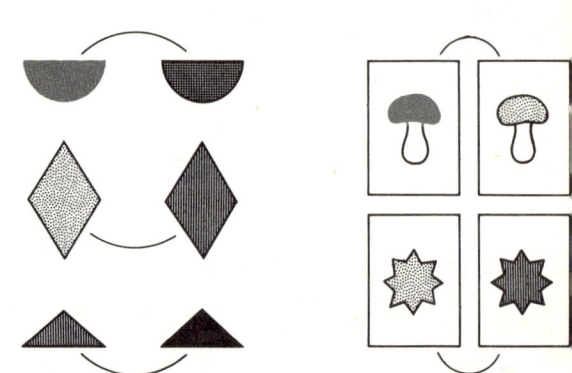

Spielregel:

Die Kinder werden in zwei Gruppen geteilt, von denen jede an einem Tisch sitzt. Auf jeder Seite des Tisches muß die gleiche Anzahl Kinder sitzen.

Die Legetafeln oder Bilder werden ebenfalls, aber ohne die zwei zusammengehörigen Teile zu trennen, in zwei Teile geteilt. Je eine Hälfte ist für einen Tisch bestimmt. Dann teilt man jede Hälfte noch einmal, und zwar so, daß die zusammengehörigen Teile getrennt werden. Es kommt z. B. der rote Punkt in eine, der blaue Punkt in eine andere Schale. Man hat nun für jeden Tisch zwei Schalen mit Legetafeln oder Bildern.

Nun teilt man die Legetafeln oder Bildkarten so aus, daß die Kinder der einen Seite des Tisches aus einer und der anderen Seite aus der anderen Schale eine Legetafel oder ein Bild bekommen, das sie zunächst unter dem Tisch versteckt halten müssen.

Auf ein Startzeichen hin legen alle ihre Tafel oder ihr Bild offen auf den Tisch, schauen es kurz an und sehen sich dann sofort die Bilder der gegenübersitzenden Kinder ihres Tisches an.

Finden sie Bild oder Legetafel, die zu ihrem eigenen zu gehören scheint, so reichen sie dem Kind, das sie aufgelegt hat, die Hand über den Tisch hinüber. Es kommt natürlich vor, daß die Hände über Kreuz liegen.

Der Tisch, der zuerst fertig ist und richtig zugeordnet hat, hat gewonnen.

Bei der nächsten Runde bekommt jedes Kind eine andere Legetafel, oder die Schalen mit Legetafeln werden unter den Tischen ausgetauscht.

Sitzordnung:

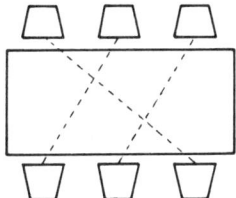 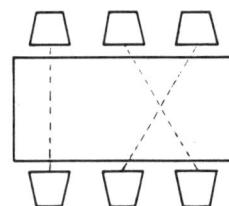

125. Spiel mit Fäden

Lernziel: Geschicklichkeit
Material: Dünne Schnur oder dicke Baumwolle, Karton, Perlen, Spielmarken

Anzahl der Kinder: 2—12
Vorbereitung: Dünne Schnur oder dicke Baumwolle wird in 20 cm lange Abschnitte geschnitten. Aus Kartonresten werden kleine Quadrate mit einer Seitenlänge von etwa 4 cm geschnitten und in der Mitte mit einem Loch versehen. Perlen und Spielmarken werden bereitgestellt.

Spielregel:

1. Spielrunde:

Für alle Kinder erreichbar liegt eine größere Anzahl Fäden bereit. Jedes Kind nimmt sich einen Faden. Nach dem Zeichen zum Beginn versuchen die Kinder, so schnell wie möglich drei einfache Knoten in ihren Faden zu machen. Wer die Aufgabe richtig löst, bekommt eine Spielmarke. Wer *zuerst* fertig war und die Aufgabe richtig hat, bekommt zwei Spielmarken.

2. Spielrunde:

Jedes Kind nimmt sich einen neuen Faden. Es soll aus dem Faden einen Kreis machen, indem es die beiden Enden zusammenknotet. Wer ist zuerst fertig?

Es bekommen nur die Kinder Spielmarken, deren Knoten auch halten, wenn man versucht, die Enden auseinanderzuziehen.

3. Spielrunde:

Jedes Kind nimmt sich zwei Fäden. Die Kinder sollen aus den zwei Fäden durch Zusammenknoten einen langen machen. Der Knoten muß halten, wenn man die Fäden auseinanderziehen will.

4. Spielrunde:

Die Kinder brauchen außer einem neuen Faden eine kleine Lochscheibe. Wer hat den Faden zuerst durch das Loch gezogen und dann richtig zusammengeknotet, so daß die Lochscheibe nicht mehr herausrutschen kann?

5. Spielrunde:

Die Kinder brauchen wieder einen Faden und eine Lochscheibe. Außerdem bekommt jedes Kind zwei nicht zu kleine Perlen. Die Kinder sollen den Faden durch eine Perle ziehen und festknoten, dann durch die Lochscheibe ziehen, dann wieder eine Perle einfädeln und festknoten. Die Perlen dürfen sich nicht lösen lassen!

Wer am Schluß die meisten Spielmarken hat, ist Sieger.

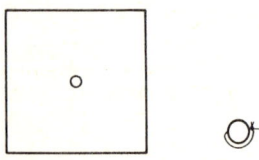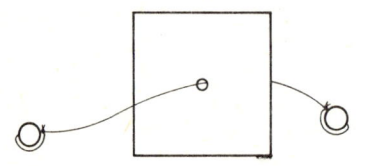

126. Zahlenlotto

Lernziel: Zahlen und Farben, Konzentration
Material: Karton, Buntstifte oder Buntpapier

Anzahl der Kinder: 3—7

Vorbereitung: Man stellt ein Lottospiel mit sechs großen Karten von 18×12 cm und 36 kleinen Deckkarten von 6×6 cm Seitenlänge her. Die großen Karten werden in sechs Felder mit je 6 cm Seitenlänge eingeteilt. Die Felder werden mit Punkten versehen, die man mit Buntstift malen oder aus Buntpapier aufkleben kann. Die Felder jeder Karte erhalten die Punktzahl 1 bis 6, und zwar immer in der gleichen Reihenfolge: in der oberen Reihe von links nach rechts 1 bis 3, in der unteren Reihe ebenfalls von links nach rechts 4 bis 6. Verschieden sind aber auf jeder Karte die Farben. Jede Karte muß die sechs Farben rot — blau — gelb — grün — weiß — schwarz haben, aber in immer wieder anderer Anordnung, so daß also auf einer Karte die eins rot ist, auf der zweiten blau, auf der dritten gelb usw.

Die kleinen Deckkarten erhalten die gleiche Punktzahl und die gleichen Farben wie die großen Karten, so daß alle Felder mit entsprechenden Deckkarten abgedeckt werden können. Das Spiel wird schwerer, wenn man die Punktzahlen nicht in der üblichen Anordnung des Würfels bringt, sondern die Anordnung der Punkte immer wieder variiert.

Spielregel:

Das Spiel wird wie Bilderlotto gespielt. Die Kinder müssen sich nicht nur auf die Punktzahl, sondern auch auf die unterschiedlichen Farben der Zahlen konzentrieren.

Wer seine Karte zuerst bedeckt hat, darf bei der nächsten Runde austeilen. Die großen Karten werden ausgetauscht, die kleinen gut gemischt.

Erschwerte Spielform:

Das Kind, das die Deckkarten austeilt, legt die Kärtchen nicht offen auf den Tisch, sondern sieht sie nur an und beschreibt sie: „Ein roter Punkt!"

— „sechs blaue Punkte!" — „drei gelbe Punkte!" usw. Nach dieser Beschreibung müssen die Kinder ihre Deckkarten erkennen und anfordern. Bei diesem Spiel muß man den Kindern Zeit zum Überlegen lassen.

Das Spiel wird schwerer, wenn man die großen Karten in eine andere Lage bringt, so daß die einzelnen Zahlen an anderen Stellen erscheinen.

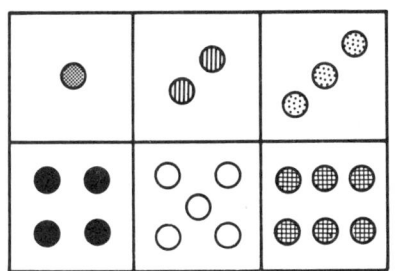 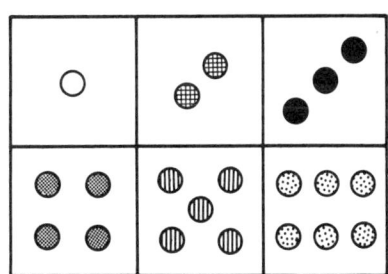

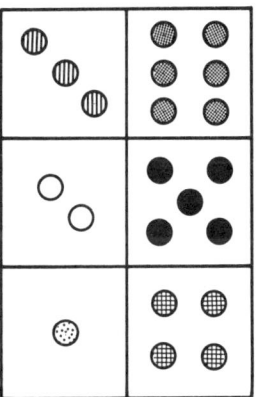 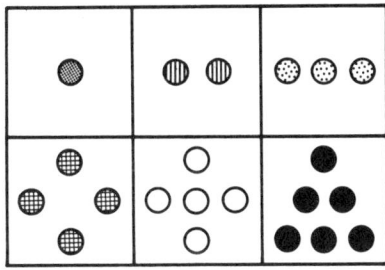

127. Nehmen und geben

Lernziel: Zeichen für Zu- und Abnehmen, Zahlen
Material: Ein kleiner Baustein, Filzstift oder Reste von Klebefolie; Muggelsteine oder Steinchen oder Knöpfe; Materialschalen

Anzahl der Kinder: 3—6
Vorbereitung: Auf einen kleinen würfelförmigen Baustein wird gezeichnet oder mit Resten von bunter Klebefolie aufgeklebt: auf die erste Seite ein Kreuz und ein Punkt, auf die zweite Seite ein Kreuz und zwei Punkte, auf die dritte Seite ein Kreuz und drei Punkte, auf die vierte Seite ein Strich und ein Punkt, auf die fünfte Seite ein Strich und zwei Punkte und auf die sechste Seite ein Strich und ein Kreuz. Ist der Würfel aus Holz, kann man die Ecken etwas abfeilen, damit er besser rollt.
Man hält eine Schale mit Muggelsteinen, Knöpfen oder Steinchen bereit.

Spielregel:

In die Mitte des Tisches wird die Schale mit Muggelsteinen gestellt. Jedes Kind bekommt eine leere Materialschale.
Es wird reihum mit dem selbstgebastelten Würfel gewürfelt. Das erste Kind, Elisabeth, würfelt +1. Sie darf einen Muggelstein aus der Schale in der Mitte nehmen und in ihre Schale legen. Das nächste Kind ist Barbara. Sie würfelt +3. Sie darf drei Muggelsteine in ihre Schale legen.
So wird reihum weitergewürfelt. Würfelt ein Kind —1 oder —2, so muß es, sofern es schon Muggelsteine in seiner eigenen Schale hat, einen oder zwei Muggelsteine wieder in die große Schale zurücklegen. Würfelt ein Kind —+, so darf es we-

der etwas nehmen noch muß es etwas wieder zurückgeben.
Man kann das Spiel beenden, wenn das erste Kind sechs Steine in seiner Schale und damit das Spiel gewonnen hat. Man kann aber auch so lange spielen, bis keine Muggelsteine mehr in der Schale in der Mitte sind. Dann hat das Kind gewonnen, das die meisten Steine hat. Damit das Spiel nicht ermüdet, dürfen dann nicht zuviel Muggelsteine in der Schale sein.
Man kann auch eine bestimmte Anzahl von Runden vereinbaren. Dann ist auch das Kind Gewinner, das die meisten Steine in seiner Schale hat.
Zuletzt läßt man jedes Kind seine Muggelsteine in eine Reihe legen und noch einmal zählen.

128. Einzahl — Mehrzahl

Lernziel: Sprachentwicklung, erste Grammatik
Material: Bildkärtchen, evtl. von einem Bilderlotto, oder Karton und Buntstifte; Materialschalen

Anzahl der Kinder: 2—10
Vorbereitung: Man schneidet 40 bis 50 Karten in der Größe von Spielkarten zu und zeichnet darauf einfache Gegenstände wie Ball, Puppe, Auto, Blume, Baum, Kind, Mann, Frau, Tisch, Bank, Stuhl, Bett, Schere, Brille, Zange, Hammer, Topf, Teller, Tasse usw. Man kann auch entsprechende Abbildungen aus Prospekten ausschneiden und auf die Karten aufkleben.
Wenn man ein Bilderlotto besitzt, das Einzelgegenstände zeigt, kann man die Deckkärtchen dieses Spiels verwenden.

Spielregel:

Die Karten werden gut gemischt und verdeckt in eine Schale gelegt, die in der Mitte des Tisches steht. Eine zweite, leere Schale steht daneben.
Die Kinder nehmen sich reihum aus der Schale eine Karte. Sie sehen sie an und sagen, was sie auf der Karte sehen. Gleich anschließend müssen sie die Mehrzahl bilden, sie müssen also überlegen, wie sie sagen würden, wenn sie auf ihrer Karte nicht einen, sondern zwei Gegenstände der gleichen Art sähen.
Sabine hat auf ihrer Karte eine Puppe. Sie sagt: „Eine Puppe, zwei Puppen." Sie hat richtig geantwortet und darf die Karte behalten. Das nächste Kind nimmt sich eine Karte. Hat es den Gegenstand nicht richtig benannt oder die Mehrzahl falsch gebildet, muß es die Karte wieder abgeben. Es legt sie in die leere Schale.

Sind alle Karten aus der ersten Schale gezogen worden, tauscht man die Schalen aus. Die erste wird leere Schale und die zweite, die wieder eine Reihe von Karten enthält, kommt an die Reihe. Man muß darauf achten, daß alle Karten wieder verdeckt liegen, damit die Kinder nicht sehen können, welche Karte sie herausnehmen.
Man spielt so lange, bis in beiden Schalen keine Karten mehr vorhanden sind. Dann werden die Karten, die jedes Kind behalten durfte, gezählt. Wer die meisten Karten hat, ist Sieger. Bei der nächsten Runde sagen die Kinder statt „zwei Puppen" „drei Puppen" oder „viele Puppen".

Andere Spielform:

Man läßt nicht die Mehrzahl bilden, sondern den bestimmten Artikel vor das Substantiv setzen, also etwa: *die* Puppe, *das* Haus usw.
Ebenso kann man die Verkleinerungsform bilden lassen: eine Puppe, ein Püppchen, oder eine Maus, ein Mäuslein oder die Puppe, das Püppchen usw.

Erschwerte Spielform:

Man läßt ein Adjektiv vor das Substantiv setzen. Das Kind muß sich also eine Eigenschaft des Gegenstandes, den es sieht, ausdenken, also etwa die schöne Puppe, das große Haus usw. Auf diese Weise können sich noch viele andere Lernmöglichkeiten ergeben.

  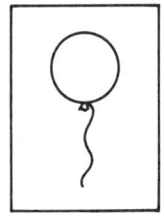

129. Bilderserien

Lernziel: Begriffsbildung, Zuordnung
Material: Karton, Prospekte und Zeitschriften

Anzahl der Kinder: 3—8
Vorbereitung: Der Erwachsene stellt ein Spiel her, das aus einer Anzahl von Bilderserien besteht. Für jedes mitspielende Kind muß mindestens eine Serie vorhanden sein.

Jede Serie besteht aus vier bis acht verschiedenen Bildern von Dingen eines bestimmten Sammelbegriffs wie Blumen, Tiere, Früchte, Häuser, Möbel, Schiffe, Bäume, Spielzeug, Fahrzeuge usw. Man kann die Begriffe auch enger fassen wie Gartenblumen, Feldblumen oder Haustiere, Zootiere, Vögel oder Obstbäume und Waldbäume usw.

Man schneidet die entsprechende Anzahl von Karten in der Größe von Quartettkarten aus Karton zu. Die einzelnen Abbildungen werden in passender Größe und etwa gleichem Format aus Zeitschriften und Katalogen ausgeschnitten und auf die Karten geklebt.

Eine Serie „Gartenblumen" besteht dann etwa aus Karten mit Krokus, Tulpe, Lilie, Rose, Nelke und Aster, eine Serie „Möbel" aus Schrank, Tisch, Bett, Stuhl, Sessel und Sofa. Die Serien können auch mehr oder weniger als sechs Karten enthalten, aber alle Serien müssen die gleiche Anzahl haben.

Spielregel:

Die Kinder sitzen um einen Tisch. Für jedes Kind muß eine Bilderserie vorbereitet sein. Aus jeder Serie wird ein Bild herausgenommen. Die übrigen Karten werden gut gemischt und zu einem Stoß verdeckt in die Mitte des Tisches gelegt. Die herausgenommenen Karten werden ebenfalls gemischt und verdeckt oben auf den Stoß gelegt.

Bei der ersten Runde nimmt ein Kind nach dem anderen die jeweils oberste Karte vom Stoß und legt sie vor sich hin. Es sieht sich die Karte gut an. Jüngere Kinder kann man sagen lassen, zu welchem Begriff das Bild gehört, das sie auf ihrer Karte sehen: Ich habe eine Gartenblume — oder Ich habe ein Spielzeug.

Bei der zweiten Runde heben die Kinder wieder nacheinander eine Karte von dem Stoß in der Mitte ab. Sie vergleichen die neue Karte mit dem Bild, das vor ihnen liegt. Haben sie eine Karte der gleichen Serie, also etwa eine zweite Gartenblume oder ein zweites Spielzeug, dürfen sie die Karte behalten und sie neben ihre erste legen. Wer eine Karte einer anderen Serie abgehoben hat, muß sie zurückgeben und legt sie verdeckt neben den Kartenstoß in der Mitte zu einem neuen Stoß. Die Kinder kontrollieren sich gegenseitig, ob die gezogenen Karten wirklich zur gleichen Serie gehören.

In der nächsten Runde zieht wieder jedes Kind eine Karte usw. Ist der erste Stoß zu Ende, wird der inzwischen neugebildete in Angriff genommen und beim Ablegen wieder ein neuer gebildet. Gewonnen hat das Kind, das zuerst seine ganze Serie zusammen hat. Es muß den Sammelbegriff und alle Einzelbilder nennen: Ich habe Gartenblumen: einen Krokus, eine Tulpe, eine Lilie, eine Rose, eine Nelke und eine Aster.

Nun dürfen die anderen Kinder gemeinsam die restlichen Karten ihrer Serien heraussuchen. Sie müssen sie ebenfalls bezeichnen.

30. Schranklotto

Lernziel: Begriffsbildung, Zuordnung, Denken
Material: Karton, Zeitschriften, Kataloge, Prospekte

Anzahl der Kinder: 3—7
Vorbereitung: Der Erwachsene schneidet aus Karton oder festem Zeichenpapier 6 große und 36 kleine Karten, beide etwa in der Größe von Lottokarten. Die großen Karten werden aber nicht in kleine Felder unterteilt, sondern mit einem einzigen Bild beklebt, und zwar mit der Abbildung eines Schrankes, die man in der entsprechenden Größe aus einem Katalog ausschneidet. Man kann nehmen: Kleiderschrank, Wäscheschrank, Küchenschrank, Kühlschrank, Spielschrank, Schuhschrank, Vorratsschrank, Bücherschrank, Werkzeugschrank usw. Wo der Inhalt der Schränke nicht ohne weiteres am Äußeren zu erkennen ist, nimmt man am besten eine Abbildung, die ihn offen zeigt.
Die 36 kleinen Karten teilt man in sechs Teile und beklebt je sechs mit Abbildungen von Gegenständen, die in die einzelnen Schränke gehören, also etwa für den Kleiderschrank mit Kleidern, Hosen, Mänteln usw., für den Wäscheschrank mit einem Stoß Handtücher oder Bettlaken oder mit Leibwäsche oder Tischtüchern, für den Küchenschrank mit Geschirr, Töpfen, Pfannen usw.

Spielregel:

Das Spiel wird wie Bilderlotto gespielt. Jedes Kind bekommt eine große Karte mit einem Schrank. Ein Kind teilt die kleinen Karten, die gut gemischt werden müssen, aus. Die Kinder müssen dabei nachdenken, welche Gegenstände in ihren Schrank gehören. Die kleinen Karten werden lose auf die große Karte aufgelegt, müssen sie also nicht bedecken.
Wer zuerst sechs richtige kleine Karten hat, hat gewonnen und darf bei der nächsten Spielrunde austeilen. Die Kinder tauschen ihre „Schränke" untereinander aus. Die kleinen Karten müssen wieder gut gemischt werden.

Andere Spielform:

Auf ähnliche Art kann man ein „Ladenlotto" herstellen und spielen: Eine große Karte bekommt das Bild eines Lebensmittelgeschäftes, die zweite eines Modehauses, die dritte eines Elektrogeschäftes, die vierte eines Spielzeugladens, die fünfte eines Blumenladens und die sechste einer Bäckerei oder anderer Geschäfte. Die kleinen Karten müssen dann die entsprechenden Abbildungen zeigen.

Aufgaben zur Einlösung von Pfändern

Das Pfändereinlösen ist eine gute Gelegenheit, den Kindern Aufgaben mit den verschiedensten Lernzielen zu stellen und damit ihre Kenntnisse zu erweitern und ihre Fähigkeiten zu üben.

Einige solche Aufgaben sind:

Nenne drei Dinge, die aus Glas sind!

Nenne drei Wörter, die mit k anfangen!

Nenne drei rote Blumen!

Nenne drei verschiedene Bäume!

Nenne drei runde Gegenstände!

Nenne drei Dinge, die in Mutters Küchenschrank stehen!

Nenne drei Haustiere!

Nenne drei Früchte, die du gern ißt!

Nenne drei Fahrzeuge!

Zähle abwärts von 10 bis 1!

Zeig neun Finger!

Zeig drei Finger an jeder Hand und zähle sie zusammen!

Wie viele Beine haben vier Kinder zusammen?

Wie viele Beine hat ein Hund?

Wie viele Geschwister hast du?

Sag uns, wo du wohnst!

Sag uns, wann du Geburtstag hast!

Sag uns, mit welchem Laut dein Name anfängt!

Sag einen Reim!

Sing ein Lied!

Nenne die Wochentage!

Klatsch dreimal laut und dreimal leise!

Mach die Türe ganz leise auf und wieder zu!

Zieh deinen Mantel an und knöpf ihn allein zu!

Binde deinen Schuh auf und wieder zu!

Schau auf die Uhr und sag uns, wie spät es ist!

Mal ein Quadrat auf die Tafel!

Mal sechs Punkte auf die Tafel!

Such aus der Baukiste einen Kegel heraus!
usw.

Aufgliederung der Spiele nach den wichtigsten Lernzielen

1. Beobachten und erkennen

Spiele Nr.: 2, 7, 8, 15, 29, 34, 53, 56, 68, 73, 85, 87, 104, 111, 122, 123, 124

2. Wortschatz und Sprachentwicklung

Spiele Nr.: 17, 25, 26, 33, 42, 43, 71, 83, 88, 94, 128

3. Farben und Formen

Spiele Nr.: 3, 12, 19, 48, 49, 52, 58, 69, 70, 74, 75, 86, 99, 100, 101, 102, 105, 106, 109, 110, 112, 113, 114, 118, 119

4. Größenunterschiede und räumliche Beziehungen

Spiele Nr.: 11, 13, 22, 31, 50, 79, 80, 89, 108, 115, 116, 121

5. Mengen und Zahlen

Spiele Nr.: 1, 4, 5, 9, 16, 28, 37, 38, 39, 46, 59, 60, 61, 63, 64, 65, 67, 117, 126, 127

6. Begriffsbildung und Zuordnen

Spiele Nr.: 10, 18, 21, 24, 35, 40, 45, 47, 54, 55, 84, 95, 96, 98, 129, 130

7. Gedächtnis und Konzentration

Spiele Nr.: 6, 14, 27, 30, 32, 36, 41, 44, 57, 66, 82, 93, 97, 103

8. Geschicklichkeit und Sinnesübungen

Spiele Nr.: 20, 23, 51, 62, 72, 76, 77, 78, 81, 90, 91, 92, 107, 120, 125

Spiele, die am besten im Freien gespielt werden

Nr. 4, 9, 11, 13, 18, 28, 33, 69, 80, 82, 83, 122, 123

INHALT

Teil III

Spiele mit einfachen, aus vorhandenem Material selbst hergestellten Spielmitteln, die

150 Spiele für eine zukunfts- orientierte Erziehung

Übersichtlich nach Lernzielen und Schwierigkeitsgrad geordnete Spiele für Kinder von 3—8 Jahren, durch die Einstellungen und Fähigkeiten gefördert werden, die der Mensch der Zukunft mit Sicherheit benötigen wird. Klare Anleitungen, sparsamer Materialaufwand.

120 Seiten, zahlreiche Zeichnungen, kart.

Von der gleichen Autorin!

In gleicher Ausstattung!

100 Spiele zur Förderung der Kreativität im Vorschulalter

Neue und bewährte Spiele mit und ohne Material für alle Erzieher von Kindern von etwa 3—8 Jahren.

Sprachliche und motorische Aufgaben aus dem musischen und kognitiven Bereich mit klaren Anleitungen.

5. Auflage, 112 Seiten, zahlreiche Zeichnungen, kart.

DON BOSCO VERLAG · MÜNCHEN